50일 영어낭독으로 원어민 되기

ENGLISH

**A Picture
Process Dictionary**

Lawrence J. Zwier

for

EVERYDAY

ACTIVITIES

How to Use

- 아침에 일어나서 잠들 때까지, 미국인이 많이 사용하는 실생활 영어 표현을 상황별로 수록
- 활용도 높은 영어 표현을 구체적인 이미지와 함께 그림 사전 형태로 전달
- 연관성 있는 문장끼리 상황 순으로 나열하여, 문장을 통으로 암기하는 시퀀스 텔링(1분 영어 프레젠테이션) 연습을 하기에 적합
- 짧은 영어 표현으로 되어있어 영어 초보자도 쉽게 스피킹 훈련(영어낭독) 가능

● SECTIONS

실생활 표현들을 상황에 따라 6개의 Section으로 정리하였습니다.

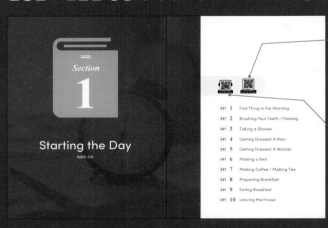

인강 QR 스캔 후, 각 Section의 1Day 인강 10분 미리 보기 가능

전체 인강은 Talkit 앱에서 교재의 시리얼 코드 입력 후 확인 가능

MP3 QR 스캔 후, 미국식 원어민 발음을 간편하게 스트리밍

무료 MP3 음원은 www.compasspub.com/EEA_KR에서 다운로드 가능

● DAILY LESSONS

총 50일 학습 구성이며, 제공되는 콘텐츠를 적극 활용하여 복습까지 함께할 수 있습니다.

- Multi-Skills Activity Book (별도 판매)
- Talkit

스피킹 트레이닝 앱인 Talkit을 통해서 EEA 학습법에 맞는 다양한 스피킹 연습 및 녹음한 음성을 들어보며 발음 체크

EEA 만의
5 STEP 학.습.법

1. EEA 인강 학습하기
하루 10분 강사님과 함께 낭독해보세요.

Lecture

2. 주요 어휘 익히기
일상생활에서 자주 쓰이는 주요 어휘를 익히세요.

Word Flash

3. 영어 표현이 입에서 자동발사될 때까지 여러번 낭독하기
영어 문장을 5번씩 큰 소리로 읽어보세요.
입에 잘 붙지 않는 어려운 문장은 10번씩!

Shadowing

4. 그림을 보고 입영작하기
그림을 보고 입으로 영어 문장을 유추하여 말해보세요.
입영작이 되지 않는 문장은 다시 영어낭독 5번씩 반복!

Picture Narration

5. 1분 영어 프레젠테이션 하기
오늘 배운 영어 표현을 아무것도 보지 않고
순서대로 외워서 말해보세요.
1분 영어 프레젠테이션을 완성했다면 학습 Success!

Sequence Telling

스피킹 트레이닝 앱인 **Talkit**을 통해 EEA의 **5 STEP**으로 학습해보세요.

Contents

Section 4 — Managing a Household

Section 5 — Keeping in Touch

Section 6 — Having Fun with Friends

Section

1

Starting the Day

하루의 시작

Scan for Audio

Scan for Preview

DAY 1

First Thing in the Morning
아침에 일어나면 먼저 하는 일

VERBS

brush	(빗질, 칫솔질 등의) 솔질을 하다
dry off	물기를 닦아내다
eat	먹다
flush	(변기 등의) 물을 내리다
get dressed	옷을 입다
get out of	~에서 나오다
leave	~를 떠나다
make	만들다
ring	(전화벨 등이) 울리다
shave	면도하다
take (a shower)	샤워를 하다
wake up	(잠에서) 깨다
wash	씻다

NOUNS

alarm clock	자명종
apartment	아파트
bathroom	화장실
bed	침대
breakfast	아침 식사
hair	머리카락
hand	손
morning	아침
razor	면도칼
shaving cream	면도용 크림
shower	샤워
toilet	화장실
toilet bowl	변기
tooth <(복수)teeth>	이
towel	수건

FOR SPECIAL ATTENTION

- **get up** 일어나다
  (예) "What time did you get up?"
  "At 7:00."
  "몇 시에 일어났니?"
  "7시에."

- **after** ~(한) 후에

- **use the toilet** '용변을 보다'는 go to
  the bathroom 또는 use the bathroom
  으로 바꿔 쓸 수 있다.

- **flush a toilet** 변기의 물을 내리다

- **take a shower / bath**
  샤워 / 목욕을 하다

Dan's alarm clock rings,...
Dan의 자명종이 울리자

...and he wakes up.
잠에서 깬다.

He gets out of bed.
침대에서 일어난다.

He goes into the bathroom.
화장실로 간다.

toilet bowl
변기

After using the toilet and
flushing it,...
화장실 사용 후 물을 내리고

...he washes his hands.
손을 씻는다.

습관적 행동 표현

이 단원에서 Dan이 아침에 잠자리에서 일어나고 모든 준비를
마친 뒤 집을 나서는 행동들은 매일 반복되는 일들이다.
영어에서는 이 같은 습관적인 동작을 동사의 현재형으로 표현한다.

(예) I **brush** my teeth every day.
　　나는 매일 이를 닦는다.

　　On Saturdays, Dan **sleeps** late.
　　토요일에 Dan은 늦잠을 잔다.

　　I (usually) eat cereal for breakfast.
　　나는 (보통) 아침 식사로 시리얼을 먹는다.

동사의 현재형과 함께 쓰이는 시간 표현들

- **every day**　　매일 (every morning 매일 아침)
- **in the morning**　아침에 (in the afternoon 오후에, at night 밤에)
- **once a week**　일주일에 한 번 (once a month 한 달에 한 번)
- **usually**　　보통은
- **often**　　종종
- **sometimes**　때때로
- **on Sundays**　일요일에는 (on Mondays 월요일에는)

He brushes his teeth,... (p. 10 참조)

이를 닦고

razor
면도칼

shaving cream
면도용 크림

...shaves,...

면도를 하고

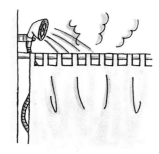

...and takes a shower. (p. 11 참조)

샤워를 한다.

He dries himself off with a
towel.

수건으로 몸을 닦는다.

Then, he brushes his hair.

그러고는 머리를 빗는다.

He gets dressed. (p. 12-15 참조)

옷을 입는다.

He makes breakfast... (p. 18-19 참조)

아침 식사를 준비하고

...and eats it. (p. 20 참조)

식사를 한다.

Then, he leaves the apartment.
(p. 21 참조)

그다음 아파트를 나선다.

DAY 2

Brushing Your Teeth / Flossing

이 닦기 / 치실 사용하기

● KEY VOCABULARY

VERBS

floss	치실로 닦다
move	움직이다
pull out	뽑아내다
put back	제자리에 두다
rinse	헹구다
rinse off	씻어내다
run water over	적시다
slip	끼워 넣다
spit	뱉어내다
squeeze	짜내다
swish	입을 헹구다

NOUNS

faucet	(수도 따위의) 꼭지
floss	치실
mouth	입
a piece (of)	~의 한 조각, 가닥
rack	선반
sink	세면대
toothbrush	칫솔
toothpaste	치약
tube	튜브

OTHERS

back and forth	앞뒤로 / 좌우로
up and down	위아래로

● FOR SPECIAL ATTENTION

- **back and forth** 수평(↔)으로의 움직임을 나타낸다.
- **up and down** 수직(↓↑)으로의 움직임을 나타낸다.
- **between** ~ 사이에

Jenny runs some water over her toothbrush.

Jenny는 자신의 칫솔에 물을 적신다.

She squeezes toothpaste onto her toothbrush.

치약을 칫솔에 짠다.

She moves her toothbrush up and down...

칫솔을 위아래로 움직이고

...and back and forth.

좌우로 움직여 닦는다.

To rinse her mouth, she takes some water,...

입을 헹구기 위해 물을 머금고

...swishes it back and forth in her mouth,...

좌우로 움직여 헹구고

...and spits it into the sink.

세면대에 뱉어낸다.

She rinses off her toothbrush.

칫솔을 씻는다.

Then, she puts it back in the toothbrush rack.

그다음 씻은 칫솔을 다시 선반에 올려 둔다.

(She Flosses Her Teeth by...)

그녀는 치실을 사용할 때

...pulling out a long piece of floss,...

기다란 치실을 뽑아내서

...slipping it between her teeth,...

이 사이에 끼워 넣어

...and moving it back and forth and up and down.

앞뒤 위아래로 움직여 닦는다.

Taking a Shower

샤워하기

Dan pulls the shower curtain shut.

Dan은 샤워장의 커튼을 끌어 당겨 닫는다.

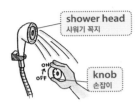

shower head 샤워기 꼭지

knob 손잡이

By turning the knob, he turns the water on.

손잡이를 돌려 물을 튼다.

shampoo 샴푸

He washes his hair with shampoo...

샴푸로 머리를 감고

bar of soap 비누

...and the rest of his body with soap.

몸의 나머지 부분을 비누로 씻는다.

Then, he rinses off with water.

그리고 나서 물로 몸을 헹군다.

After turning the water off,...

물을 잠근 후에

bathmat 욕실용 매트

...he steps out of the shower.

샤워실에서 빠져나온다.

towel rack 수건걸이

He takes a towel from the towel rack.

수건걸이에 걸려있는 수건을 집는다.

Then, he dries himself off.

그러고는 몸을 닦는다.

He wraps a towel around himself,...

수건으로 몸을 감싸고

blow dryer 헤어드라이어

...and he dries his hair.

머리를 말린다.

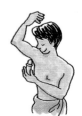

He puts some deodorant under his arms.

겨드랑이에 방취제를 바른다.

KEY VOCABULARY

VERBS

dry	말리다
pull	끌어당기다
step out	나가다
turn off	(수도, 전기 등을) 끄다
turn on	(수도, 전기 등을) 켜다
wrap	감싸다, 포장하다

NOUNS

arm	팔
bathmat	욕실용 매트
blow dryer	헤어드라이기
body	몸
curtain	커튼
deodorant	냄새 제거제, 방취제
knob	손잡이
(the) rest (of)	~의 나머지
shampoo	샴푸
shower head	샤워기 꼭지
soap	비누
towel rack	수건걸이

OTHERS

around	~의 둘레에
shut	닫은
under	~의 아래에

FOR SPECIAL ATTENTION

- **pull ~ shut** ~을 끌어당겨 닫다

- **turn on** 전기, 수도, 가전제품 등을 '작동시킨다' 는 뜻이고, 반대로 이들을 '종료시킨다'는 뜻으로 turn off가 쓰인다.

- **dry off** '물기를 닦아내다'의 뜻인 dry off는 표면에 묻은 물을 닦아낼 때 사용하고, 말릴 때는 dry 혹은 dry out을 사용한다.

- **deodorant** 몸에서 나는 악취를 제거하기 위해 몸에 뿌리거나 바르는 '냄새 제거제' 또는 '방취제'를 말한다.

DAY 4

Getting Dressed: A Man

옷 입기 – 남자 04

KEY VOCABULARY

VERBS

buckle	(허리띠, 고리 등을) 채우다
button	단추를 채우다
clasp	걸쇠로 걸어 잠그다
fasten	(지퍼, 단추 등을) 잠그다
lace up	(구두 등의) 끈을 매다
pull up	끌어올리다
put on	입다
snap	찰깍 채우다
straighten	곧게 펴다
tie	(끈 · 밧줄 등으로) 매다
tuck	밀어 넣다
zip up	지퍼를 올려 잠그다

NOUNS

belt	띠, 허리띠
belt loop	(바지허리에 달려있는 좁은 고리) 벨트 루프
clothes	의복
collar	(옷의) 깃, 칼라
cuff	(소매 또는 바지자락의) 끝동
fly	바지 앞면에 있는 지퍼
lace	끈
a pair (of) ~	~의 한 쌍
pants	바지
shirt	셔츠
sleeve	소매
sock	양말
T-shirt	티셔츠
underpants	팬티
underwear	속옷
waistband	허리띠

OTHER

through	~을 통하여

FOR SPECIAL ATTENTION

- **some** 의류, 안경 등과 같이 쌍으로 이루어진 것을 나타낼 때 사용된다.
- **put on** 옷 따위를 몸에 걸치는 동작을 나타내며, 반대말로 take off '(옷을) 벗다'가 있다.
- **each** 각각의
- **together** 함께

(Tom Puts on... Tom은 ... 입는다.)

...some underwear,...
속옷을

...a T-shirt,...
티셔츠를

...some socks,...
양말을

...some pants,...
바지를

...and a shirt.
그리고 셔츠를

Tom puts on his underwear.
Tom puts his underwear on. ⟩ 이 두 문장은 의미가 같다.
Tom은 속옷을 입는다.

Tom chooses some socks and puts <u>them</u> on.
Tom은 양말을 골라서 신는다. ⟩ 대명사 it, them은 put과 on 사이에 들어간다.
Tom picks up his shirt and puts <u>it</u> on.
Tom은 셔츠를 골라서 입는다.

(A? Some? A Pair of? 단수? 복수? 한 벌?)

a T-shirt
티셔츠

a jacket
재킷, 윗옷

a shirt
셔츠

some socks
양말
a pair of socks
양말 한 켤레

some underwear
some underpants
속옷
a pair of underpants
속옷 한 벌

some shoes
신발
a pair of shoes
신발 한 켤레

some pajamas
잠옷
a pair of pajamas
잠옷 한 벌

some glasses
안경
a pair of glasses
안경 하나

some shorts
반바지
a pair of shorts
반바지 한 벌

some pants
바지
a pair of pants
바지 한 벌

양말과 구두는 쌍으로 이루어지는 것이므로 복수형으로 쓰이며, a sock와 a shoe처럼 단수형으로 쓰이면 각각 '양말 한 짝', '구두 한 짝'을 의미하게 되므로 주의해야 한다. 그리고 이처럼 쌍으로 이루어져서 복수형으로 쓰이는 것에는 pajamas (잠옷), pants (바지) 등이 있으며 a pajamas나 a pant처럼 단수로는 쓰지 않는다.

Putting on a Pair of Pants 바지 입기

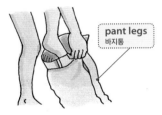

pant legs
바지통

Tom steps into his pants...
Tom은 바지에 다리를 집어넣고

...then he pulls them up.
바지를 올린다.

He fastens the waistband...
바지 단추를 잠그고

...and zips up the fly.
바지 지퍼를 올린다.

He slips a belt through the belt loops...
고리 사이로 허리띠를 밀어 넣고는

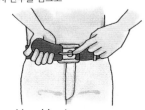

...and buckles it.
버클을 채운다.

Putting on a Shirt 셔츠 입기

sleeve
소매

Tom slips an arm into each sleeve.
Tom은 각 소매 안으로 팔을 넣는다.

He buttons the shirt...
셔츠의 단추를 잠그고

...and the cuffs.
소매를 잠근다.

cuff
소맷동

collar
칼라, 깃

He straightens his collar.
셔츠깃을 곧게 편다.

He tucks his shirt into his pants.
셔츠를 바지 안으로 집어넣는다.

Fasteners 잠금장치들 | What you do 사용 방법

snaps 스냅, 똑딱단추

You snap things together.
두 부분을 찰깍 채운다.

zipper 지퍼

You zip something up.
지퍼를 잠근다.

button hole 단추구멍

button 단추

You button something.
단추를 잠근다.

laces 끈

You lace something up, and then you tie the laces.
끈을 매고 나서 그 끈을 묶는다.

clasp 클래스프, 잠금장치

You clasp things together or you fasten something.
서로 걸어 잠그거나 어딘가에 채운다.

buckle 버클

You buckle something.
버클을 채운다.

13

DAY 5

Getting Dressed: A Woman

옷 입기 – 여자

Pam Puts on... Pam은 ... 입는다 / 신는다.

...some panties,...
팬티를

...a bra,...
브래지어를

...a dress,...
정장을

OR
...a blouse / a shirt,...
블라우스 / 셔츠와

AND
...a skirt,...
치마나

OR
...some pants,...
바지를

AND
...some socks,...
양말이나

OR
...some nylons (stockings),...
스타킹이나

OR
...some pantyhose.
팬티 스타킹을

After you **put on** your clothes, you **wear** them.
put on은 옷 입는 동작을, **wear**는 옷을 입은 상태를 나타낸다.

tie 넥타이
jacket 재킷, 윗옷
skirt 치마
pants 바지
dress shoes 정장신발

sweatshirt 스웨터
T-shirt 티셔츠
cap 모자
jeans 청바지
shirt 셔츠
running shoes 운동화
shorts 반바지
sandals 샌들

These people are wearing suits.
이 사람들은 정장을 입고 있다.

These people are wearing casual clothes.
이 사람들은 평상복을 입고 있다.

FOR SPECIAL ATTENTION

- **if ~** 만일 ~한다면
- **go barefoot** 맨발로 다니다
- **keep ~ cool / warm**
  ~을 차게 / 따뜻하게 유지하다
- **before** ~전에

- 날씨 표현
1. It + *be* 동사 + 형용사
   It's hot. 덥다.
   It's cold out. 밖은 춥다.

2. It + *be* 동사 + 현재분사
   It's raining. 비가 내리고 있다.
   It's snowing. 눈이 내리고 있다.

Dressing for Hot Weather 더운 날 옷 입기

If it's hot, Pam wears light clothes:
날씨가 더우면 Pam은 가벼운 옷을 입는다.

sleeve
소매

...a short-sleeved cotton shirt...
소매가 짧은 면 셔츠와

...and a pair of cotton shorts.
면 반바지를 (입는다).

She goes barefoot indoors...
그녀는 실내에서는 맨발로 다니고

...and wears sandals outdoors.
바깥에서는 샌들을 신는다.

Dressing this way keeps her cool.
이렇게 옷을 입으면 그녀를 시원하게 유지해준다.

COTTON : 면
a fabric that comes from the cotton plant
목화로 짠 직물

thin clothes
얇은 천

thick clothes
두꺼운 천

If something is **outside** a building, it is **outdoors**.
건물 밖에 있다면 야외에 있는 것이다.

outdoors
야외

indoors
실내

If something is **inside** a building, it is **indoors**.
건물 안에 있다면 실내에 있는 것이다.

Dressing for Cold Weather 추운 날 옷 입기

If it's cold, Pam wears heavy clothes:
날씨가 추우면, Pam은 두꺼운 옷을 입는다.

sleeve
소매

...a long-sleeved shirt,...
소매가 긴 셔츠와

...a wool sweater,...
모직 스웨터와

WOOL : 모직
a fabric that comes from a sheep.
양털로 짠 직물

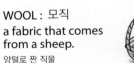

...long pants,...
긴 바지를 입고

...and thick wool socks.
두꺼운 모직 양말을 (신는다).

Before going outdoors, she puts on a heavy coat...
밖에 나가기 전에, 두꺼운 외투를 입고

gloves
장갑

mittens
벙어리장갑

...and some gloves or mittens.
장갑이나 벙어리장갑을 낀다.

She wraps a scarf around her neck...
목에 목도리를 두르고

...and puts on a hat...
모자를 쓰고

...and some boots.
부츠를 (신는다).

Dressing this way keeps her warm.
이렇게 옷을 입으면 그녀를 따뜻하게 유지해준다.

DAY 6
Making a Bed
침대 정리하기

KEY VOCABULARY

VERBS

fluff up	부풀게 하다
lay	놓다, 두다
slip	밀어 넣다
smooth out	평평하게 고르다
spread	펴다

NOUNS

bedspread	침대 덮개
blanket	담요
mattress	매트리스
pillow	베개
sheet	시트, 침대에 까는 천

OTHERS

bottom	밑바닥의
fitted	~에 꼭 맞게 만들어진
flat	맞춤이 아닌, 보통의
top	꼭대기의, 끝의
under	아래의

FOR SPECIAL ATTENTION

- **fitted sheet** 침대 매트리스에 맞춰 가장자리에 고무줄 따위를 넣어 만들어진 매트커버로, 밑시트 (bottom sheet: 매트리스 바로 위에 씌우는 시트) 로만 사용하고, 겉시트(top sheet: 밑시트 위에 씌우는 시트)로는 사용하지 않는다.

- **pull ~ tight** 무언가를 잡아당겨 바짝 죄거나 팽팽하게 하는 것을 말한다.

pillow
베개

pillowcase
베갯잇, 베개 커버

- **head of the bed / foot of the bed** 취침 시 머리맡을 head of the bed라 하고, 발이 닿는 부분을 foot of the bed라고 한다.

- **smooth out** 주름진 부분을 평평하게 하는 것을 말한다.

I put a bottom sheet on the mattress. 매트리스에 밑시트를 깐다.

If I have a fitted sheet, I slip it over the mattress.

만일 매트커버를 갖고 있다면, 매트리스에 그것을 끼운다.

If I have a flat sheet, I tuck it under the mattress.

만일 보통시트를 갖고 있다면, 매트리스 밑으로 시트를 밀어 넣는다.

Then, I tuck the top sheet under the mattress at the foot of the bed.
그다음 침대 발치에서 겉시트를 매트리스 밑으로 밀어 넣는다.

I pull the top sheet tight,...
겉시트를 머리 쪽으로 잡아당겨 구김 없게 하고

...spread a blanket over the bed,...
침대 위에 담요를 펴고는

...and smooth it out.
그것을 평평하게 고른다.

I spread a bedspread over the bed.
침대 위에 침대 덮개를 편다.

I fluff up the pillows...
베개를 부풀게 하고

...and lay them at the head of the bed.
침대 머리맡에 그것들을 놓는다.

I pull the bedspread over the pillows...
베개 위까지 침대 덮개를 잡아당기고

...and smooth it out.
평평하게 고른다.

Making Coffee / Making Tea

커피나 차 끓이기 **07**

Making Coffee with an Electric Coffee Maker
전기 커피 메이커를 이용하여 커피 끓이기

Pam scoops some ground coffee into the filter.
Pam은 분쇄 커피를 숟가락으로 떠서 필터에 넣는다.

She turns the coffee maker on by pressing the switch.
스위치를 눌러 커피 메이커의 전원을 켠다.

...and drips through the ground coffee...
그 물이 분쇄 커피를 통과하면서

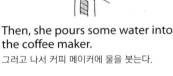

Then, she pours some water into the coffee maker.
그리고 나서 커피 메이커에 물을 붓는다.

The water heats up...
물이 뜨거워지고

...and into the coffeepot.
커피 메이커의 주전자 안으로 똑똑 떨어진다.

Making Tea   홍차 끓이기

Dan boils water in a teakettle.
Dan은 주전자에 물을 끓인다.

...and adds some tea leaves.
찻잎을 넣는다.

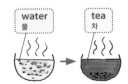

...the water becomes tea.
차가 우러나온다.

He pours the hot water into a teapot...
찻주전자에 뜨거운 물을 붓고

As the tea leaves soak in the water,...
찻잎이 물 속에 담가지면서

Dan strains the tea.
Dan은 찻잎을 걸러낸다.

Then, he adds sugar and milk and stirs his tea.
그러고 나서 차에다 설탕과 우유를 첨가하여 젓는다.

KEY VOCABULARY

VERBS
add	더하다
boil	끓다, 가열하다
drip	(액체가) 똑똑 떨어지다
heat up	뜨거워지다
pour into	쏟아붓다
press	누르다
scoop	(숟가락 등으로) 뜨다
soak	젖다, 스며들다
stir	휘젓다, 뒤섞다
strain	거르다, 걸러내다
turn on	켜다

NOUNS
coffee maker	커피 메이커
filter	필터, 여과기
leaf	잎
milk	우유
saucer	받침접시
sugar	설탕
switch	스위치
tea	차
teakettle	(찻물을 끓이기 위한) 주전자

OTHERS
electric	전기의
ground	갈아놓은, (가루로) 빻은

FOR SPECIAL ATTENTION

- **filter** 아주 미세한 구멍이 있어 액체나 기체는 그 구멍을 통과할 수 있지만, 커다란 고체는 통과하지 못한다. strainer도 같은 기능을 하지만, 그 구멍이 훨씬 크며, 대개 손잡이가 있다.

- **ground coffee** '분쇄 커피'를 말하며, ground는 '갈다', '빻다'를 의미하는 grind의 과거분사형이다.

- **soak** 적시다, 담그다, 스며들다

- **scoop... coffee** 커피를 숟가락으로 떠서 옮기다

- **heat up** '뜨거워지다'라는 뜻으로, 같은 표현으로는 become hot이 있다.

DAY 8

Preparing Breakfast

아침 식사 준비하기

KEY VOCABULARY

VERBS

crack	깨다
fry	(기름으로) 튀기다
light	불이 붙다, 켜지다
lower	내리다, 내려가다
melt	녹다
peel	벗기다
pop up	튀어 오르다
prepare	준비하다
slice	얇게 썰다
sprinkle	흩뿌리다, 끼얹다
take out of ~	꺼내다
toast	노르스름하게 굽다
turn on	켜다

NOUNS

bowl	사발
bread	빵
burner	연소기, 버너
flame	불꽃, 화염
garbage	쓰레기, 쓰레기통
pan	프라이 팬
plate	접시
slice	얇게 썬 조각
spatula	부침 주걱
starter	(기계의) 가동 장치
toast	토스트, 구운 빵
toaster	빵 굽는 기계, 토스터
wire	전선, 열선

FOR SPECIAL ATTENTION

- **slices of bread** 동일한 표현으로 pieces of bread를 사용한다.
- **pop up** 펑 하고 소리 내면서 튀어 오르는 것을 말한다.
- **(gas) stove** '(요리용) 가스레인지'를 말하며, 전기로 작동하는 것은 electric stove 라고 한다.
- **melt** 고체가 가열되면서 녹는 것을 말한다.
- **throw ~ into the garbage** ~을 쓰레기통에 버리다
- **flip ~ over** '~을 뒤집다'라는 뜻이며, 상하를 뒤바꾸는 것을 upside down이라 말한다.

(Preparing Cold Cereal 콜드 시리얼 준비하기)

Pam pours some cereal from the box into her bowl.
Pam은 박스에 들어 있는 시리얼을 사발에 부어 넣는다.

...and sprinkles some sugar on her cereal.
시리얼에 설탕을 뿌린다.

...slices it,...
얇게 썰고,

She pours in some milk...
우유를 조금 붓고

Then, she peels a banana,...
그리고 나서 바나나 껍질을 벗겨

...and puts the slices on her cereal.
그 조각들을 시리얼 위에 얹는다.

(Making Toast 토스트 만들기)

Dan puts two slices of bread into the toaster.
Dan은 빵 두 조각을 토스터에 넣는다.

...he lowers the bread into the toaster.
빵을 토스터 안쪽으로 내린다.

The toast pops up when it's done.
다 구워지면 토스트가 튀어나온다.

By pressing the starter,...
시작 버튼을 눌러

Hot wires inside the toaster toast the bread.
토스터 열선의 열로 빵이 구워진다.

Dan spreads some butter and jam on his toast.
Dan은 토스트 위에 버터와 잼을 바른다.

Frying an Egg 계란 프라이하기

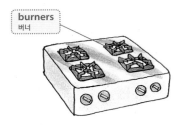

There are four burners on Dan's stove.

Dan의 가스레인지에는 4개의 버너가 있다.

He turns on the gas,...

가스를 켜면

...and one of the burners lights.

그 중 한 개의 버너에 불이 붙는다.

He puts a frying pan on the burner...

버너 위에 프라이 팬을 얹고

...and melts some butter in the pan.

팬 안에 버터를 조금 녹인다.

He cracks an egg into the pan...

계란을 깨서 넣고

...and throws the shell into the garbage.

계란 껍질은 쓰레기통에 버린다.

The egg fries.

계란 프라이가 만들어진다.

Dan flips it over once with a spatula...

Dan은 부침 주걱으로 계란을 한 번 뒤집고,

...and then takes it out of the pan.

그러고 나서 그것을 꺼낸다.

He puts the egg on a plate.

계란을 접시에 담는다.

An egg 계란

the yolk
노른자

the white
흰자

the shell
껍질

DAY 9

Eating Breakfast

아침 식사 하기

KEY VOCABULARY

VERBS

dip	(살짝) 담가찍다
drink	마시다
eat	먹다
have / has	(식사를) 하다
leave	떠나다, (자리를) 뜨다
read	읽다
sit down	앉다
talk	이야기하다
wipe	닦다

NOUNS

bacon	베이컨
fork	(식탁용) 포크
lip	입술
mug	머그잔
napkin	(식탁용) 냅킨
spoon	숟가락
table	식탁

OTHERS

a little bit	약간
sometime	때때로

FOR SPECIAL ATTENTION

- **sit down** 앉는 동작을 나타낼 때 쓰이며, 상태를 나타낼 때는 sit가 쓰인다.
- **sit at the table** '식탁에 앉다'라는 뜻으로 쓰일 때는 전치사 at이 쓰이나, 보통 '의자에 앉다'의 경우에는 they sit in / on chairs처럼 in 또는 on을 쓴다.
- **mug** 손잡이가 달린 큰 컵을 말한다.
- **dip** 딱딱한 것을 액체 속에 살짝 담그는 것을 말한다.

table 식탁

Pam and Dan sit down at the table.

Pam과 Dan은 식탁에 앉는다.

spoon 숟가락

bowl 사발

...and eats some cereal.

시리얼을 먹는다.

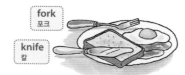

fork 포크

knife 칼

...and has an egg with bacon and toast.

계란 프라이를 베이컨과 토스트에 곁들여 먹는다.

Pam drinks some coffee from her mug...

Pam은 머그잔으로 커피를 마시고

Dan drinks some tea...

Dan은 차를 마시고

Sometimes, he dips his toast into the yolk of his egg.

때로는 빵을 계란 노른자에 찍는다.

As they eat, they read the news...

그들은 식사를 하면서 뉴스를 확인하고

It says here that taxes are going up.

세금이 오른다고 하네.

As usual...

늘 그렇지 뭐...

...and talk a little bit.

잠시 얘기를 나눈다.

lips 입술

napkin 냅킨

After eating, they wipe their lips with their napkins...

식사를 하고 나서 냅킨으로 입술을 닦고

...and leave the table.

자리를 떠난다.

Leaving the House

외출하기

Tom puts on a jacket...

Tom은 재킷을 입고서

...and zips it up.

지퍼를 올린다.

He puts on his shoes and ties them.

신발을 신고 끈을 맨다.

key
열쇠

wallet
지갑

He picks up his key and wallet...

열쇠와 지갑을 집어 들어

...and puts them in his pockets.

그것들을 호주머니에 넣는다.

He picks up his backpack.

배낭을 집어 올린다.

Bye, Tom.

다녀오세요,
Tom.

See you later,
Jen.

나중에 봐요,
Jen.

Then, he says goodbye to Jenny.

그러고 나서 Jenny에게 잘 다녀오겠다는
인사를 한다.

He opens the door,...

문을 열고

...steps outside,...

밖으로 걸어 나가서

...and shuts the door.

문을 닫는다.

Section

2

Getting Around

외출하기

Scan for Audio

Scan for Preview

DAY 11

Taking a Bus

버스 타기

KEY VOCABULARY

VERBS

arrive	도착하다
check	조사하다, 점검하다
get off	내리다
get on	타다
[get-got-got]	
hold on	잡다, 쥐다
[hold-held-held]	
pay	지불하다
[pay-paid-paid]	
ride	타다
[ride-rode-ridden]	
ring	울리다
[ring-rang-rung]	
stand	서다
[stand-stood-stood]	
walk	걷다

NOUNS

aisle	통로
bar	빗장, (고정용의) 막대기
exit	출구
fare	(기차, 버스, 배 등의) 요금
pass	통행권, (입장) 승차권
passenger	승객
seat	좌석
signal	신호, 경보
stop	정류장, 정거장

OTHERS

due	~할 예정인
empty	비어 있는
full	가득 찬
overhead	머리 위의
soon	곧

FOR SPECIAL ATTENTION

- **on time** 늦거나 이르지 않은 상태,
  즉 '정각에'를 의미한다.

- **bus pass** 일정 기간 동안 유효한
  버스 승차권을 뜻하며 '정기권'이라고도 한다.

- **aisle** 버스나 기차 등의 좌석 사이로 난 통로

- **while** ~하는 동안

Jenny checked her bus schedule.

Jenny는 버스 시간표를 확인했다.

Her bus—a Number 77— was
due at 8:20.

그녀가 탈 버스(77번)는 8시 20분에
도착 예정이었다.

She walked to the bus stop...

그녀는 버스 정류장으로 걸어가서

...and sat on a bench to wait
for the bus.

벤치에 앉아 버스를 기다렸다.

The bus arrived on time (at 8:20).

버스는 정시(8시 20분)에 도착했다.

The driver opened the door,...

운전사가 문을 열었고

...and Jenny got on the bus.

Jenny는 버스에 탔다.

Section 2에서는 과거의 동작 또는 상태 표현 방법을 배운다. 동사의 과거 표시는 규칙 변화 동사의 경우 '-ed'를 동사의 원형에 붙이며, 불규칙 변화 동사의 경우는 '-ed'를 붙이지 않는다.

(예) Mike walked to the store. [규칙 변화 동사]
Mike는 가게로 걸어갔다.

I took a bus to work. [불규칙 변화 동사]
나는 버스를 타고 출근했다.

불규칙 동사는 Key Vocabulary 동사 항목에서 [ ]에 표시된다.

• yesterday	어제
• last week	지난주
• last month	지난달
• last year	지난해
• last Monday, etc.	지난 월요일 등
• two weeks ago	2주 전
• five days ago	5일 전
• a few minutes ago	몇 분 전
• a year ago	1년 전

She scanned her bus pass.

그녀는 버스 정기권을 갖다 댔다.

Other passengers paid their fares.

다른 승객들은 현금으로 요금을 지불했다.

(**Paying Bus Fare** 버스 요금 내기)

People pay bus fare in many ways:
사람들은 여러 가지 방식으로 버스 요금을 낸다.

- by scanning a transit card
교통 카드를 스캔하거나

All the seats were full, so Jenny stood in the aisle.

모든 좌석에 사람들이 앉아 있어서 Jenny는 통로에 섰다.

aisle 통로

Jenny

strap 손잡이

bar 안전대

She held on to a strap on the overhead bars.

머리 위에 달려있는 안전대의 손잡이를 꼭 잡았다.

- in cash
현금으로 내거나

Soon, someone got off the bus, so a seat was empty.

잠시 뒤, 승객 한 명이 버스에서 내려서 자리 하나가 비었다.

Jenny sat down and read a book while she rode the bus.

Jenny는 자리에 앉았고, 버스를 타고 가는 동안 책을 읽었다.

Near her stop, she pressed the button...

내려야 할 정류장이 가까워지자, 그녀는 버튼을 눌러

...to ring the "stop" signal.

정지 신호를 울렸다.

She walked to the exit...

그녀는 출구 쪽으로 걸어가서

...and got off at her stop.

자신이 내릴 정류장에서 내렸다.

DAY 12

Starting a Car
차량 출발하기

KEY VOCABULARY

VERBS

adjust	조절하다
back out of	후진하다
engage	작동하다
look	보다
sit	앉다
[sit-sat-sat]	
shift	바꾸다, 변속하다
start	시동을 걸다, 출발하다
step on	밟다
turn	(방향을) 전환하다

NOUNS

accelerator	가속페달
brake	브레이크
car	자동차
gear	기어
gearshift	기어 변속
ignition	점화, 시동
neutral	중립
parking brake	주차 브레이크
rear-view mirror	룸미러
seat belt	안전벨트
shoulder	어깨
turn signal	방향 지시등, 깜빡이
windshield wiper	앞 유리 닦개, 와이퍼

FOR SPECIAL ATTENTION

- **adjust** 조절하여 알맞은 상태가 되도록 하는 것을 말한다.
- **the ignition** '점화'라는 뜻의 ignition이 자동차의 시동장치로 사용되어 '엔진 스위치'라고 도 불린다.
- **over one's shoulder** 어깨너머로

Kate sat in the driver's seat, and her friends sat in the passenger seats.

Kate는 운전석에 앉고 그녀의 친구들은 다른 좌석에 앉았다.

Kate adjusted her seat...

Kate는 좌석과

...and the rear-view mirror.

룸미러의 위치를 조절했다.

She buckled her seat belt.

안전벨트를 매었다.

She pressed the ignition button...

시동 버튼을 눌러

VROOM!
부-릉~

...and started the car.

차에 시동을 걸었다.

shoulder
어깨

She looked over her shoulder...

그녀는 어깨너머로 주변을 훑어보고는

parking space
주차 공간, 주차장

...and backed out of the parking space.

주차장에서 후진하여 빠져나왔다.

(Parking 주차하기)

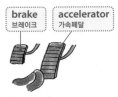

Kate slowed the car to a stop...

Kate는 차의 속도를 줄여서 정지시켰고

...and shifted into reverse.

기어를 후진 위치에 놓았다.

She backed her car into the parking space.

그녀는 주차장으로 차를 후진시켰다.

She used her rear-view camera and mirror to make sure she was within the lines.

그녀는 후방카메라와 룸미러를 보면서 선 안쪽으로 주차를 잘하고 있는지 확인했다.

She parked and engaged her parking brake before leaving.

주차 브레이크를 올려서 차를 완전히 주차시킨 후에, 차에서 내렸다.

(Speeding Up / Slowing Down 가속 / 감속하기)

To go faster, Kate pressed the accelerator.

더 빨리 달리기 위해 Kate는 가속페달을 밟았다.

To slow down, Kate let up on the accelerator.

속도를 줄이기 위해서, Kate는 가속페달에서 발을 뗐다.

When she's driving up a steep hill,...

가파른 언덕을 올라가야 하는 상황이 되자

...she shifts to a lower gear.

저단 기어로 바꾸었다.

(Stopping 정지하기)

Kate stepped on the brake.

Kate는 브레이크를 밟았다.

(Turning 방향 전환하기)

Kate put her turn signal on...

Kate는 방향 지시등을 켜고

...and turned the steering wheel.

운전대를 돌렸다.

When it got dark,...

어두워지자

she turned on the lights.

전조등을 켰다.

When it rained,...

비가 오자

she turned on the windshield wipers.

와이퍼를 작동시켰다.

DAY 13

Driving Along

도로에서 운전하기 🎧⑬

KEY VOCABULARY

VERBS

change	변경하다, 바꾸다
enter	진입하다, 들어가다
exit	빠져나가다
go over	초과하다, 넘어서다
[go-went-gone]	
lock	잠그다
park	주차하다
pass	추월하다
pump	주입하다
turn left / right	좌회전 / 우회전을 하다
yield	양보하다

NOUNS

freeway	고속도로
gas	휘발유, 가솔린
gas station	주유소
lane	차선
police officer	경찰관
pump	주유기
road	도로
speeding ticket	속도위반 딱지
speed limit	제한 속도
trip	운행, 여행

OTHERS

ahead	앞의
straight	똑바로

FOR SPECIAL ATTENTION

- **turn red** (신호가) 빨간색으로 바뀌다
- **pull in** '차를 세우다'라는 뜻으로 사용되며, pull 뒤의 전치사에 따라서 다른 의미가 된다.
  - pull out 차를 옆으로 빼서 나아가다
  - pull over 차를 길 한 쪽으로 빼다 (차를 대다)
  - pull up 차를 멈추다
- **go over a limit** 제한 속도를 넘어 달리다
- **right of way** 교차로 따위에서 다른 차보다 먼저 통과할 권리

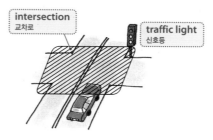

At an intersection, Kate stopped for a red light.

교차로에서 Kate는 빨간 신호등이 켜져 있어서 차를 멈추었다.

When the light turned green, she went ahead.

녹색 신호로 바뀌자, 차를 출발시켰다.

You were speeding, ma'am.

Really, officer? Sorry.

속도를 위반하셨습니다. 부인.   정말요? 죄송합니다, 경찰관님.

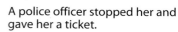

Once, she went over the speed limit.

한 번은, 제한 속도를 넘어서 과속을 했다.

A police officer stopped her and gave her a ticket.

경찰관이 그녀의 차를 세우고는 (속도) 위반 딱지를 발부했다.

At the end of her trip, she parked...

목적지에 도착하자 차를 주차시키고

...and turned the car off.

차의 시동을 껐다.

Kate and her friends got out of the car,...

Kate와 그녀의 친구들은 차에서 내렸고

...and Kate locked it.

Kate는 차 문을 잠갔다.

Some Things Drivers Do 운전자들이 하는 일들

Changing lanes
차선 변경하기

Turning left
좌회전하기

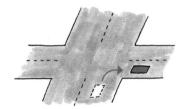

Turning right
우회전하기

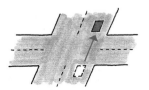

Going straight
직진하기

Getting on (entering) a freeway
고속도로에 진입하기

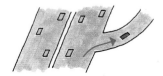

Getting off (exiting) a freeway
고속도로에서 빠져나오기

This car yields to...
이 차량이 상대 차량에게 순서를 양보한다.

...this car.

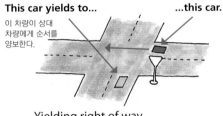

Yielding right of way
먼저 통과할 권리를 양보하기

Passing someone
다른 차를 추월하기

Pulling over to the side of the road
도로 한 쪽에 차를 세우기

Stopping for Gas 주유하기 위해 차를 멈추기

Kate pulled into a gas station...
Kate는 주유소 안으로 차를 몰고 가서

...and pulled up to a pump.
주유기 앞에 차를 멈췄다.

She put her card into the machine and chose a kind of gas.
기계 안에 카드를 집어넣고, 원하는 기름의 종류를 선택했다.

She put the nozzle in her car and filled up.
주유 노즐을 주입구에 넣고 기름을 채웠다.

She put the gas cap back on.
주유 캡을 닫았다.

She put the nozzle back and got her receipt from the machine.
주유 노즐을 다시 주유기에 걸고, 기계에서 영수증을 받았다.

DAY 14

Taking a Train

열차 타기

KEY VOCABULARY

VERBS

announce	발표하다
buy	구입하다
[buy-bought-bought]	
follow	따르다
have to	해야 한다
[have-had-had]	
take (a train)	(열차를) 타다

NOUNS

gate	개찰구
platform	승강장
station	역
ticket	표, 승차권, 티켓
ticket window	매표창구
track	선로
train	열차, 기차
turnstile	개찰구

OTHERS

crowded	혼잡한
next to	옆의
other	다른

FOR SPECIAL ATTENTION

- **turnstile** 승차권을 투입하거나 티켓을 갖다 댄 후에 지나가는 개찰구를 말한다.
- **be crowded** 좁은 장소에서 많은 사람들이 북적거리는 상태를 말한다.
- **be announced** 열차의 정차역을 알리는 안내 방송이 나온다는 뜻이다.

Tom bought a ticket from the ticket machine.

Tom은 승차권 발매기에서 표를 샀다.

Other passengers bought tickets at the ticket window.

다른 승객들은 매표창구에서 표를 샀다.

Tom scanned his ticket on the turnstile card reader.

Tom은 개찰구의 카드 리더기에 표를 스캔했다.

The gate opened, and Tom walked through.

문이 열리고 Tom은 개찰구를 통과했다.

SOUTH WESTBURG NEWVILLE GATE 1
NORTH DONCASTER GATE 2

He followed the signs to his gate.

안내 표지판을 따라 탑승구로 걸어갔다.

train track 철도 선로

He waited on the platform next to the track.

선로 옆 승강장에서 기다렸다.

After his train arrived, he got on.

전동차가 도착하자, 탑승했다.

The train was crowded, so he had to stand.

전동차가 혼잡해서 서 있어야 했다.

NEWVILLE STATION

이번 역은 Newville역 입니다.

His station was announced,...

그가 하차할 역 안내 방송이 나오자

...and he got off the train.

열차에서 내렸다.

Taking a Taxi

택시 타기

Pam hailed a taxi.

Pam은 택시를 불러 세웠다.

Riverside Square로 가 주세요.

I need to go to Riverside Square.

Okay.

알겠습니다.

...and told the driver where she wanted to go.

운전사에게 그녀의 목적지를 얘기했다.

Hmm. $4.50. That's about right.

흠음, 4달러 50센트네. 대략, 맞구나.

She checked the meter a few times.

미터기를 몇 차례 확인했다.

저기 빨간 차 옆에 세워주세요.

Pull over by that red car.

네, 부인.

Yes, ma'am.

She told him where to stop.

그에게 어디에 세워야 할지를 말했다.

She got into the back seat...

뒷좌석에 승차해서

He started the meter.

운전사는 미터기를 작동시켰다.

다음 신호등에서 좌회전해 주세요.

Turn left at the next traffic light.

All right.

알겠습니다.

During the ride, she gave the driver directions.

목적지까지 가는 동안에 운전사에게 길을 안내했다.

고맙습니다.

Thank you.

여기 6달러 20센트와 약간의 팁이에요.

Here's $6.20, plus a little extra for you.

She paid the fare and gave him a tip.

요금에 팁을 더하여 지불했다.

KEY VOCABULARY

VERBS

check	확인하다
hail	(택시, 버스 등을) 불러 세우다
tell	말하다
[tell-told-told]	

NOUNS

back seat	뒷좌석
directions	방향
meter	미터기
ride	승차
taxi	택시
tip	팁, 사례금

OTHERS

a few times	몇 번

FOR SPECIAL ATTENTION

- **hail a taxi** 이 표현 대신 쓸 수 있는 것으로는 wave for a taxi, wave down a taxi, flag down a taxi 등이 있다.
- **give directions** 길의 방향을 가리켜 주다
- **give someone a tip** '~에게 팁을 주다' 라는 뜻으로, 미국에서는 택시를 탔을 때 일반적으로 요금의 10~15%를 팁으로 준다.

Getting a Taxi by App
앱으로 택시를 부를 때

Pam requested a taxi with a phone app.

Pam은 휴대전화 앱으로 택시를 요청했다.

She checked the fare on her phone and paid with the app.

휴대전화로 요금을 확인한 후, 앱으로 결제했다.

DAY 16

Walking Somewhere

걸어가기

KEY VOCABULARY

VERBS

cross	가로지르다
run	달리다
[run, ran, run]	
step over	넘어가다
trip	발을 헛디디다

NOUNS

corner	모서리, 길모퉁이
crack	갈라진 금, 틈
crosswalk	횡단보도
curb	(인도와 차도 사이의) 연석
dirt	먼지, 흙, 오물
overpass	육교
parking lot	주차장
pedestrian	보행자
puddle	웅덩이
shortcut	지름길
sidewalk	보도
street	거리, (보도와 구별한) 차도
traffic	교통, 차량

OTHERS

busy	혼잡한
late	늦은

FOR SPECIAL ATTENTION

- **take a shortcut** 통상적인 경로에서 벗어나는 것으로 '지름길을 택하다'라는 뜻이다.
- **traffic** 도로에 있는 승용차, 트럭, 버스, 자전거 등의 무리
- **across** ~을 가로질러
- **overpass** 도로 위를 지나갈 수 있도록 놓여 있는 다리, 육교

Dan walked on the sidewalk.

Dan은 보도를 따라 걸었다.

Sometimes, he stepped over dirt or puddles.

이따금 흙이나 웅덩이를 넘어 걸었다.

Once, he tripped on a crack in the sidewalk.

한 번은, 보도의 갈라진 틈에 발을 헛디뎠다.

At a corner, he stopped at the curb and waited for traffic to pass.

길모퉁이에 이르자, 연석에 멈춰서 차량이 지나가기를 기다렸다.

Then, he crossed the street by walking in the crosswalk.

그러고 나서 횡단보도를 이용하여 길을 건넜다.

Once, he took a shortcut across a parking lot.

한 번은, 주차장을 가로질러 지름길로 걸어갔다.

When he could, he ran because he was late.

늦었기 때문에 뛸 수 있을 때는 뛰었다.

He crossed a busy street by using a pedestrian overpass.

보행자용 육교를 이용하여 혼잡한 도로를 건넜다.

32

Riding a Bicycle

자전거 타기

I put on my helmet.

나는 헬멧을 썼다.

I held the handlebars...

핸들을 잡고

...and swung my leg over the bike.

다리를 휙 치켜올려 자전거를 탔다.

I started pedaling, and the bike moved.

페달을 밟기 시작하자, 자전거가 움직였다.

To go uphill,...

오르막길을 가기 위해

...I shifted into a lower gear.

저단 기어로 바꿨다.

To slow down, I squeezed the brakes.

속도를 늦추기 위해, 브레이크를 꽉 쥐었다.

Finally, I got off my bike...

끝으로, 자전거에서 내리고

...and locked it up in a bike rack.

자전거를 자전거 고정대에 자물쇠로 채웠다.

KEY VOCABULARY

VERBS

get off [get-got-got]	내리다
lock up	자물쇠를 채우다
pedal	페달을 밟다
squeeze	꽉 쥐다
swing [swing-swung-swung]	흔들어 움직이다

NOUNS

bike (bicycle)	자전거
handlebars	핸들
helmet	헬멧
leg	다리
shift lever	기어 변속 레버

OTHERS

finally	마침내
lower	저속으로
uphill	오르막의

FOR SPECIAL ATTENTION

- **pedal** 자전거의 발을 올려놓는 부분으로, '페달'이라고 부르며 '페달을 밟다'의 동사형의 뜻도 가지고 있다.

- **squeeze** 꽉 쥐다

- **go uphill** '오르막을 올라가다'의 뜻으로, 반대말로는 go downhill '내리막을 내려가다'가 있다.

3

At Home in the Evening

집에서의 저녁 시간

Scan for Audio Scan for Preview

DAY 18

Returning Home

귀가하기

KEY VOCABULARY

VERBS

get back	돌아오다
[get-got-got]	
hang up	(옷 등을) 걸다
[hang-hung-hung]	
return	돌아오다, 돌려주다
set down	(짐을) 내려놓다
[set-set-set]	
take off	벗다
[take-took-taken]	
take out	꺼내다
unlock	자물쇠를 열다

NOUNS

doorknob	손잡이
elevator	승강기, 엘리베이터
floor	바닥, 층
front closet	현관에 있는 간이 옷장
hall	복도, 통로
living room	거실
mail	우편물
mailbox	우편함
railing	난간, 울타리
step	계단

FOR SPECIAL ATTENTION

- **take an elevator** 엘리베이터, 차량 등에 타는 경우 take를 사용한다. 반대말로는 get off '내리다'가 있다.

  (예) take a bus / train / taxi

(To an Apartment 아파트로 돌아가기)

Dan got back to his building.
Dan은 그가 사는 건물로 돌아왔다.

He checked his mailbox and took out his mail.
우편함을 확인하여 우편물을 꺼냈다.

Then, he took an elevator up to his floor.
그런 후 자기가 사는 층까지 엘리베이터를 타고 올라갔다.

He walked down the hall to his apartment.
복도를 따라 자기 아파트로 걸어갔다.

Hi, Pam. I'm back.
안녕, Pam. 다녀왔어.

Hi, Dan.
안녕, Dan.

He opened his door and went inside.
문을 열고 안으로 들어갔다.

(Taking an Elevator 엘리베이터 타기)

Pressing the "up" button
"올라가기" 버튼 누르기

Waiting for the elevator
엘리베이터를 기다리기

Getting on the elevator
엘리베이터 타기

Choosing a floor
원하는 층 누르기

Getting off the elevator
엘리베이터에서 내리기

To a House 일반 주택으로 돌아가기

I got back to my house.

집으로 돌아왔다.

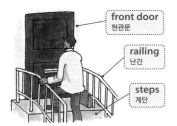

front door
현관문

railing
난간

steps
계단

I walked up the steps to my front door.

현관까지 계단을 걸어 올라갔다.

I unlocked the front door with my house key...

집 열쇠로 문을 열고

doorknob
문 손잡이

...and then opened the door by turning the doorknob.

그리고 나서 손잡이를 돌려 문을 열었다.

I set my bag down.

가방을 내려놓았다.

I hung my coat up in the front closet...

현관에 있는 옷장에 외투를 걸고

...and took off my shoes.

신발을 벗었다.

mail slot
우편물 투입구

I picked up my mail.

우편물을 집어 들었다.

Then, I went into the living room...

그다음 거실로 들어가서

...and turned on the air conditioner.

에어컨을 켰다.

I took off my work clothes and put them in the washing machine. (p. 56 참조)

출근 복장을 벗고 세탁기에 넣었다.

I changed into some casual clothes. (p. 12 참조)

평상복으로 갈아입었다.

DAY 19

Preparing Vegetables

채소 준비하기 🔊19

KEY VOCABULARY

VERBS

boil	(물이) 끓다
chop up	잘게 썰다
drain	물이 빠지게 하다
grate	갈다
mix	섞다, 혼합하다
peel	껍질을 벗기다
prepare	준비하다
rinse	씻다
sprinkle	흩뿌리다
steam	찌다
throw away	버리다

NOUNS

basket	바구니
bowl	사발, 공기
broccoli	브로콜리
carrot	당근
colander	(부엌용) 물 거르는 장치, 체
cucumber	오이
cutting board	도마
dressing	(요리) 드레싱
grater	분쇄기
lettuce	상추, 양상추
lid	뚜껑
saucepan	소스 냄비
steam	증기
vegetable	야채

OTHERS

boiling	끓는
on top	위쪽에

FOR SPECIAL ATTENTION

- **grated** 분쇄기(grater)를 이용하여 '잘게 간'
- **dressing** 드레싱 (샐러드, 육류, 생선 등에 뿌리는 일종의 소스)
- **slice** '얇고 평평하게 썰다'라는 뜻으로, 다른 자르는 방식으로는 '짧게 자르다'라는 chop이 있다.
- **stalk** '(식물의) 줄기'를 말하며, floret는 브로콜리 같은 야채의 꽃 부분을 말한다.
- **steam** (가열할 때 나오는 증기로) 찌다

(Making a Salad 샐러드 만들기)

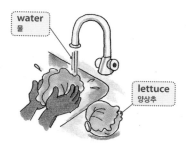

Paul rinsed some lettuce by running water over it...

Paul은 흐르는 물에 양상추를 씻고

...and drained it in a colander.

체에 넣어 물을 뺐다.

He also rinsed some tomatoes and cucumbers...

토마토와 오이를 씻은 후

...and sliced them with a knife on a cutting board.

도마 위에 올려놓고 칼로 썰었다.

He mixed the lettuce and the cucumber in a salad bowl...

샐러드 그릇에 상추와 오이를 섞고

...and laid the tomato slices on top.

맨 위에 토마토 조각을 얹었다.

Then, he sprinkled some grated cheese on the salad.

그리고 샐러드 위에 잘게 간 치즈를 흩뿌렸다.

He poured some dressing on his salad.

샐러드 위에 드레싱을 부었다.

Steaming Vegetables 채소 찌기

Kate peeled some carrots...

Kate는 당근 껍질을 벗기고

...and sliced them.

그것들을 얇게 썰었다.

florets
(브로콜리 같은 야채의) 꽃 부분

stalk
줄기

She also chopped up some broccoli.

브로콜리도 잘게 썰었다.

She threw the stalks away...

줄기는 버리고

...and rinsed the broccoli.

브로콜리는 씻었다.

She put some water in a saucepan...

소스 냄비에 물을 붓고

...and put a steamer basket inside.

냄비 안에 찜통을 넣었다.

Then, she put the vegetables in the basket.

그다음 찜통에 채소들을 넣었다.

She put a lid on the saucepan and lit the burner under it.

냄비 뚜껑을 닫고 버너에 불을 켰다.

boiling water
끓는 물

steam
증기

The water boiled and steamed the vegetables.

물을 끓이고 채소들을 쪘다.

DAY 20

Making Spaghetti

스파게티 만들기

KEY VOCABULARY

VERBS

add	첨가하다
dice	깍둑썰기로 자르다
drain	물이 빠지게 하다
heat	뜨겁게 하다
ladle	국자로 뜨다, 푸다
let	~하도록 하다
[let-let-let]	
pour off	따르다, 붓다
simmer	약한 불로 익히다
start	시작하다
stir	젓다
turn down	약하게 하다
turn off	끄다

NOUNS

beef	소고기
can	(통조림의) 깡통, 통조림
colander	체
heat	열, 뜨거움
ladle	국자
liquid	액체
meat	고기
mixture	혼합, 혼합물
onion	양파
sauce	소스
saucepan	소스 냄비
solid	고체
spaghetti	스파게티
spatula	부침 주걱
spice	양념
tomato sauce	토마토소스

OTHERS

another	또 하나의, 다른
tender	부드러운, 연한

Kate diced an onion...

Kate는 양파를 깍둑썰기로 잘게 자르고

...and fried it with some ground beef in a frying pan.

프라이팬에 간 소고기와 함께 볶았다.

As the beef-and-onion mixture fried, she stirred it.

소고기와 양파를 섞어 휘저으며 볶았다.

OFF

When the meat was brown, she turned off the burner.

고기가 노릇하게 구워졌을 때, 버너의 불을 껐다.

spatula
부침 주걱

She poured the fat off into a can.

볶을 때 생긴 기름을 깡통에다 부어 넣었다.

2 cans
2통

She heated two cans of tomato sauce in a saucepan.

토마토소스 두 통을 소스 냄비에서 데웠다.

FOR SPECIAL ATTENTION

- **ground beef** ground는 grind의 과거분사형으로, ground beef는 '잘게 간 소고기'를 뜻한다.
- **fat** 고기에서 나오는 기름, 즉 지방을 뜻한다.
- **pour off / drain** 액체를 고체로부터 분리하기 위해서는 액체를 pour off (붓다) 하거나 고체를 drain (걸러내다) 한다.

- **spice** 소스에 맛을 더해주는 향신료
- **simmer** 서서히 그리고 약하게 요리하는 것을 뜻한다.
- **tender** 먹을 수 있을 정도로 부드럽다는 뜻이다.
- **ladle** 소스 따위를 음식물(스파게티 등)에 얹는데 사용하는 일종의 국자를 말한다.

- **fry와 boil의 사용 예문**
  - Kate fried the meat. Kate는 고기를 볶았다.
  - The meat fried. 그 고기는 볶아졌다.
  - Kate boiled the water. Kate는 물을 끓였다.
  - The water boiled. 그 물이 끓었다.
  - The noodles boiled in the water. 그 면은 물 속에서 삶아졌다.

She added the mixture of beef
and onions...

섞인 소고기와 양파를 넣고

...and stirred it into the sauce
with some spices.

몇 가지 양념을 그 소스에 뿌려 섞었다.

When it started to boil,...

끓기 시작하자

...she turned down the heat and let
the sauce simmer.

불을 줄여서 소스를 약한 불에서 서서히 끓였다.

In another pan, she boiled
some water.

또 다른 냄비에 물을 끓였다.

She put some spaghetti into
the boiling water...

끓는 물에 스파게티를 넣고

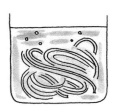

...and boiled it until it was tender.

익을 때까지 스파게티를 삶았다.

In a colander, she drained
the spaghetti.

체에 스파게티를 넣어 물을 뺐다.

After putting the spaghetti on a plate,
she ladled some sauce over it.

스파게티를 접시에 담은 후에, 국자로 소스를 떠서 얹었다.

(**Liquids and Solids** 액체와 고체)

Some liquids
액체

water
물

melted butter
녹인 버터

tomato sauce
토마토소스

Some solids
고체

spaghetti
스파게티

onion
양파

pan
냄비

a piece of butter
버터 한 조각

sugar
설탕

DAY 21

Cooking Rice
밥짓기 🔊21

KEY VOCABULARY

VERBS

boil	끓이다
cook	요리하다
get rid of	제거하다
[get-got-gotten]	
measure out	계량하다, 적정량을 뜨다
pour	붓다
pour off	남김없이 붓다
press	누르다
rinse	씻어내다
spoon	(숟가락 따위로) 떠옮기다
turn off	(전원을) 끄다
turn on	(전원을) 켜다

NOUNS

button	버튼
cup	컵
dirt	먼지, 오물
husk	쌀겨
lid	뚜껑
plate	접시, 그릇
pot	솥, 밥통
rice	쌀, 밥
rice cooker	전기밥솥
water	물

OTHERS

automatically	자동으로
clean	깨끗한
done	다 끝난, 완성된

FOR SPECIAL ATTENTION

- **measure out** ~을 (어떤 분량으로)
  재어서 나누다
- **husk** 알곡을 둘러싸고 있는 껍질, 쌀겨

husk grain
쌀겨 알곡

- **be done** 다 되다, 끝나다
  (예) Food that is done is fully cooked.
  완성된 음식은 조리가 완전히 끝난 음식이다.

Paul measured out one cup of rice...

Paul은 쌀 한 컵을 계량하고

To rinse the rice, he put some water in the pot.

쌀을 씻기 위해, 밥통에 물을 부었다.

2 cups
2컵

Then, he measured out two cups of clean water and poured them into the pot.

다시, 깨끗한 물 두 컵을 계량해서 밥통에 부었다.

He turned it on by pressing the button.

스위치를 눌러 전원을 켰다.

When the rice was done, the cooker turned off automatically.

밥이 다 되자, 밥솥의 전원이 자동으로 꺼졌다.

...and poured it into the pot of a rice cooker.

전기밥솥의 밥통에 넣었다.

He poured off the water to get rid of the dirt and husks.

먼지와 쌀겨를 제거하기 위해, 쌀 씻은 물을 버렸다.

He put the pot into the rice cooker and closed the lid on the cooker.

밥통을 밥솥에 끼워 넣고 뚜껑을 닫았다.

The rice boiled in the cooker.

밥솥에서 쌀이 익었다.

Yep. Done!
그래, 다 됐다!

Paul spooned some of the cooked rice onto his plate.

Paul은 밥을 먹을 만큼 떠서 자기 그릇에 넣었다.

Eating Dinner

저녁 식사하기

(Paul and Kate Set the Table Paul과 Kate의 상 차리기)

coffee cup 커피잔
salad bowl 샐러드 그릇
saucer 받침 접시
glass 유리잔
spoon 숟가락
napkin 냅킨   **fork** 포크   **plate** 접시   **knife** 나이프

Everyone sat down at the table.

모두 식탁에 앉았다.

They put their napkins on their laps.

그들은 무릎을 냅킨으로 덮었다.

Paul helped himself to some salad...

Paul은 샐러드를 먹을 만큼 덜고

Pass the salad, please.

샐러드 건네주세요.

...and passed the serving dish to Kate.

Kate에게 서빙 접시를 건네주었다.

Then, they helped themselves to the food.

그리고 나서 그들은 음식을 먹었다.

So, where did you go today?

오늘 어디 갔었니?

Nowhere special.

별다른 데 안 갔어요.

As they ate, they talked.

식사를 하면서, 그들은 이야기를 했다.

I'll have a bit more of this.

이걸 조금 더 먹어야겠다.

Paul had a second helping of spaghetti.

Paul은 스파게티를 두 그릇 먹었다.

Mmm. Ice cream.

음, 아이스크림.

Looks good.

맛있어 보이는데.

After the main course, they had some dessert.

식사를 끝낸 후, 그들은 후식을 먹었다.

KEY VOCABULARY

VERBS

pass	건네다, 넘겨주다
set (a table)	(상을) 차리다

NOUNS

coffee cup	커피 잔
dessert	후식, 디저트
dinner	저녁식사
food	음식물, 요리
helping	(음식의) 한번 담는 분량 한 그릇
lap	무릎
main course	메인 코스, 주요리
serving dish	서빙 접시 (음식을 담은 접시)

FOR SPECIAL ATTENTION

- **help yourself** 음식을 대접할 때 혹은 음식을 권유할 때 사용하는 표현으로, '편안하게 마음껏 먹어라.'라는 뜻이다.
- **helping** 식사할 때 helping은 한 사람이 먹는 양을 말한다.
- **lap** 앉은 자세에서 다리의 윗부분을 말한다.

DAY 23

Cleaning Up

청소하기 🎧23

KEY VOCABULARY

VERBS

carry	옮기다, 운반하다
clean up	치우다
clear	치우다
do dishes	설거지하다
drip off	물이 뚝뚝 떨어지다
fill	채워넣다
offer	제안 하다
put away	치우다
scrape	문지르다, 닦다
scrub	북북 문지르다
stack up	쌓아 올리다
wipe off	(먼지 등을) 훔치다, 닦다

NOUNS

container	용기
crumb	빵 부스러기
cupboard	찬장
dish	식기
dish rack	식기 건조대
dish soap	식기 세제
dish towel	접시를 닦는 마른행주
dishcloth	식기 닦는 행주
drain	배수로, 배수관
garbage	쓰레기, 쓰레기통
kitchen	주방, 부엌
leftovers	남은 음식
plug	(싱크대의) 물구멍 마개
refrigerator	냉장고
rest	나머지
scrap	찌꺼기
scrubbing pad	수세미

FOR SPECIAL ATTENTION

- **offer to ~** 자진하여 어떤 일을 하겠다고
  제안할 때 쓰는 표현
- **leftovers** '식사 후 남은 음식'을 뜻하며,
  주로 보관했다가 나중에 먹을 수 있는 음식을
  말한다. 반면에, crumbs(빵 부스러기)와 scraps
  (음식물 찌꺼기)는 식사 후에 버린다.
- **dish soap** '식기 세제'를 말하며 비슷한 말로는
  detergent가 있다.
- **down the drain**
  배수구를 통해 물을 흘려 보내다
  '흘려보내다'라는 뜻이며, 구어표현에서는 '허사가
  되다'라는 의미도 있다.
  (예) Andy lost his paper. He felt like all his
  hard work went down the drain.
  Andy는 그의 과제물을 잃어버려, 모든
  노력이 허사가 되어버린 것처럼 느껴졌다.

(Clearing the Table 식탁 치우기)

After everyone was done, Paul and Kate offered to clear the table.
모두가 식사를 끝내자 Paul과 Kate가 식탁을 깨끗이 치우겠다고 제안했다.

Paul and I will clean up.
Paul과 제가 치울게요.

Yeah. The rest of you just sit and relax.
그래요. 나머지 분들은 그냥 앉아 쉬세요.

They stacked up the dirty dishes...
그들은 더러운 그릇들을 쌓아놓고

...and carried them to the kitchen.
그것들을 부엌으로 옮겼다.

leftovers 남은 음식

They took the serving dishes off the table...
식탁에서 서빙 접시를 치우고

container 그릇

...and put the leftovers into containers,...
남은 음식들을 그릇에 넣어

refrigerator 냉장고

...which they put into the refrigerator.
냉장고에 넣었다.

scraps 찌꺼기

They scraped the scraps from the plates into the garbage.
접시에 남은 찌꺼기들을 쓰레기통에 버렸다.

crumbs 빵부스러기

Then, they wiped the table off...
그러고 나서 식탁을 닦고,

...and threw the scraps and crumbs from the table into the garbage.
식탁에 남아 있는 찌꺼기와 빵 부스러기를 쓰레기통에 버렸다.

Doing Dishes 설거지 하기

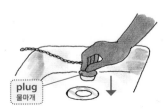

plug
물마개

Paul put the plug into the drain in the sink.

Paul은 싱크대의 배수구를 물마개로 막았다.

Then, he filled the sink with water.

그리고 나서 싱크대에 물을 가득 채웠다.

He put some dish soap into the water.

물에 세제를 부어 넣었다.

dishcloth
식기 닦는 행주

He washed the dirty dishes.

더러운 접시들을 씻었다.

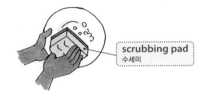

scrubbing pad
수세미

He scrubbed some very dirty dishes.

아주 더러운 접시들은 수세미로 북북 문질러 닦았다.

Then, he rinsed the dishes.

그리고 접시들을 헹구었다.

dish rack
식기 건조대

He put the wet dishes in the dish rack,...

식기 건조대에 접시들을 올리고

...where the water dripped off them.

거기에서 물을 뺐다.

Then, he pulled the plug from the sink,...

그리고 싱크대의 물마개를 빼어

...and the dirty water went down the drain.

더러운 물을 배수구로 내보냈다.

dish towel
접시를 닦는 마른행주

He dried the dishes with a towel...

행주로 접시들을 닦고서

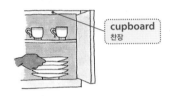

cupboard
찬장

...and then put the dishes away.

찬장에다 보관했다.

DAY 24

Using the Internet

인터넷 사용하기 (24)

VERBS

add	더하다, 추가하다
click	클릭하다
enter	들어가다
log on	접속하다, 로그인하다
read	읽다
turn on	켜다
type (in)	입력하다
watch	지켜보다, 시청하다

NOUNS

address	주소
browser	브라우저
comment	댓글
Internet	인터넷
key	(자판의) 키
keyboard	키보드, 자판
laptop	노트북 컴퓨터
mouse	마우스
mousepad	마우스패드
password	패스워드, 암호
post	게시물
power cord	전기코드
profile	프로필
screen	스크린
site	사이트, 웹사이트
social networking	소셜 네트워킹
touchpad	터치패드
USB cable	유에스비 케이블
USB port	유에스비 포트
username	사용자 이름
video	동영상

FOR SPECIAL ATTENTION

- **laptop** 무릎에 얹어 놓고 사용할 수 있는 소형 크기의 휴대용 개인 컴퓨터
- **some kinds of Internet tools** 인터넷 용어:
  - browser 인터넷 접속 프로그램
  - search engine 검색 엔진
  - social networking 여러 사람들이 정보를 공유할 수 있도록 해주는 인터넷 서비스

I turned my laptop on.

노트북 컴퓨터 전원을 켰다.

I entered my username and password to log on.

사용자 이름과 패스워드를 입력하여 로그인했다.

To go to the Internet, I clicked on my browser.

인터넷에 접속하기 위해 브라우저를 클릭했다.

I typed in the address for a social networking site...

소셜 네트워킹 사이트 주소를 입력하곤

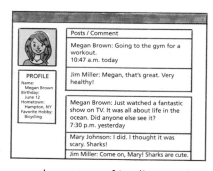

...and went to my friend's page.

친구의 홈페이지로 가서

Then, I read some posts.

게시물을 읽었다.

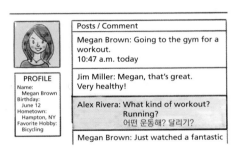

I added a comment.

나는 댓글을 달았다.

Then, at a video site, I watched a music video.

이어, 동영상 사이트로 이동해서 뮤직비디오를 봤다.

(**Parts of a Computer System** 컴퓨터의 각 부분 및 주변기기)

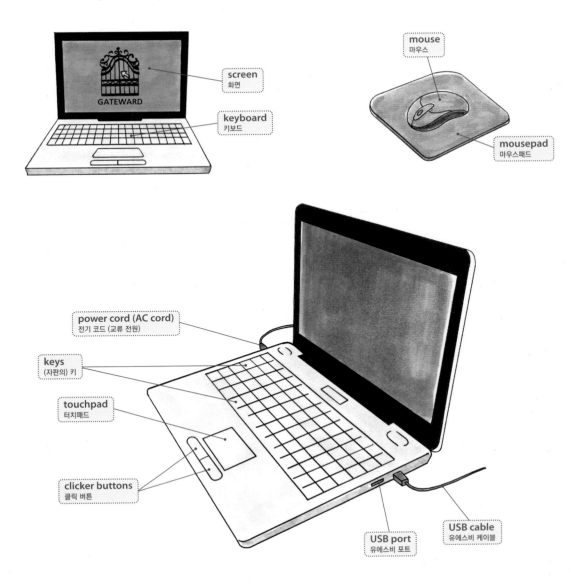

screen
화면

keyboard
키보드

mouse
마우스

mousepad
마우스패드

power cord (AC cord)
전기 코드 (교류 전원)

keys
(자판의) 키

touchpad
터치패드

clicker buttons
클릭 버튼

USB port
유에스비 포트

USB cable
유에스비 케이블

DAY 25

Listening to Music

음악 듣기 25

KEY VOCABULARY

VERBS

adjust	조절하다
get back	돌아가다
[get-got-gotten]	
hold down	꼭 누르다
[hold-held-held]	
play	재생하다
press	누르다
put on	쓰다, 꽂다
[put-put-put]	
select	선택하다
swipe	스와이프, (화면을) 쓸어 넘기다
tap	가볍게 두드리다
turn down	볼륨을 줄이다
turn off	전원을 끄다
turn on	전원을 켜다
turn up	볼륨을 높이다

NOUNS

app	앱, 애플리케이션, 응용 프로그램
button	버튼
calculator	계산기
earphones	이어폰
icon	아이콘
menu	메뉴
music	음악
screen	화면
second	(시간 단위) 초
volume	볼륨, 음량

FOR SPECIAL ATTENTION

- **loud** 음악에 대해 이야기할 때, loud의 반대말로 soft를 사용한다.
- **apps** 미디어 기기의 소프트웨어인 applications(응용 프로그램)의 줄임말

I connected my earphones to my phone...

이어폰을 휴대전화에 연결하고

I selected my music application.

음악 앱을 선택했다.

I pressed a button on the side of my phone to adjust the volume, turned it up to make the music louder,...

볼륨을 조절하기 위해 기기 측면의 볼륨 버튼을 눌러, 음악소리를 크게 하고

I searched for my favorite song,...

좋아하는 노래를 찾은 다음

To get back to the main menu, I swiped up on the screen.

화면을 쓸어 넘겨서 바탕화면 메뉴로 돌아갔다.

I touched the icon for the calculator app so I could add some numbers.

숫자를 계산하기 위해서 계산기 앱 아이콘을 터치했다.

...and put them on.

귀에 꽂았다.

I looked through my music and touched the name of a playlist.

음악을 살펴보고 재생 목록의 제목을 터치했다.

...and turned it down to make the music softer.

다시 눌러 소리를 작게 조절했다.

...and I tapped the screen to play it.

스크린을 가볍게 두드려 재생했다.

There were icons for many apps on the main screen.

바탕화면에는 많은 앱 아이콘들이 있었다.

To turn the phone off, I held the on / off button down for five seconds.

휴대전화를 끄기 위해, 전원버튼을 5초 동안 눌렀다.

(**Reading a Book** 책 읽기)

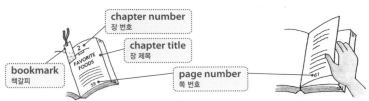

chapter number
장 번호

chapter title
장 제목

bookmark
책갈피

page number
쪽 번호

Pam opened the book to her bookmark.

Pam은 책갈피가 있는 페이지를 폈다.

She turned the pages as she read.

책을 읽으면서 페이지를 넘겼다.

"Bogus?" What does that mean?

"Bogus"가 무슨 뜻일까?

When she saw a word she didn't know,...

모르는 단어를 보자

...she looked it up in a dictionary.

사전에서 찾아봤다.

When she finished reading, she closed the book.

책 읽기가 끝나자 책을 덮었다.

(**Some Parts of a Book** 책의 여러 부분들)

MY LIFE
BOB SMITH

cover 표지
title 제목
author's name 저자 이름

table of contents
목차

CONTENTS

1. I'm Born............5
2. My Early Years.....33

index
색인

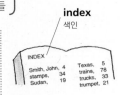

INDEX

Smith, John, 4
stamps, 34
Sudan, 19

Texas, 5
trains, 78
trucks, 33
trumpet, 21

(**Reading a Magazine** 잡지 읽기)

EVERYONE

Pam picked up the latest issue of *Everyone* magazine.

Pam은 *Everyone* 잡지의 최신호를 집어 들었다.

New

Oil-Free

She looked at some of the ads.

몇몇 광고를 봤다.

Then, she flipped through the magazine...

그러고 나서 페이지를 쑥쑥 넘겼고,

Bad Boys

...until she found an interesting article.

마침내 흥미로운 기사를 찾았다.

She read the article...

그녀는 그 기사를 읽고

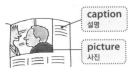

caption
설명

picture
사진

...and looked at the pictures.

그림들도 보았다.

KEY VOCABULARY

VERBS

close	덮다, 닫다
find	찾다
[find-found-found]	
finish	끝내다
know	알고 있다
[know-knew-known]	
look at	바라보다
look up	찾아보다
mean	의미하다
see	보다
turn	(책장을) 넘기다

NOUNS

ad	광고
article	기사, 글
bookmark	책갈피
content	내용
dictionary	사전
index	색인, 찾아보기
magazine	잡지
page	쪽, 페이지
picture	사진
word	단어

OTHERS

bogus	가짜의
interesting	재미 있는
latest	최신의

FOR SPECIAL ATTENTION

- **issue** 잡지 따위의 '~호'를 말한다.
  (예) the January issue 1월 호
- **ad** advertisement의 줄임말
- **flip through** (책장 따위를) 쑥쑥 넘기다

DAY 27
Watching Television
텔레비전 보기 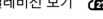 (27)

KEY VOCABULARY

VERBS

end	끝나다
hear	듣다
[hear-heard-heard]	
turn off	끄다
turn on	켜다
turn up	소리를 높이다
watch	시청하다

NOUNS

channel	채널
commercial	광고 방송
game show	게임 프로그램
news	뉴스
snack	간식
television / TV	텔레비전

OTHERS

better	더욱 잘

FOR SPECIAL ATTENTION

- **boring** '지루한', '지루하게 하는'의 뜻으로, not interesting이라고도 표현한다.
- **commercial** 텔레비전이나 라디오에 나오는 '광고 방송'을 뜻한다.
- **news** '뉴스 보도'의 뜻으로, 항상 's'로 끝나지만 단수 취급한다.
- **better** well의 비교급
- **be on** 상영 중인, 작동 중인
- **channels / stations** 텔레비전에는 channel들이 있고, 라디오에는 station들이 있다.
- **remote** remote control을 간단히 부르는 표현이다.

Tom picked up the remote for the TV...
Tom은 텔레비전 리모컨을 집어 들고

Now, for $53, what's the name of...
자 이제, 53달러 짜리 문제입니다. 이름이 무엇일까요?

A game show was on.
게임 프로그램이 진행되고 있었다.

...so he used the remote...
리모컨을 사용하여

He turned up the volume so he could hear better.
볼륨을 높여서 더욱 잘 들을 수 있도록 했다.

...he went to the kitchen for a snack.
간식거리를 찾아 부엌으로 갔다.

That's the end of the news.
이것으로 뉴스를 마치겠습니다.

...and when it ended,...
뉴스가 끝나자

...and turned the TV on.
텔레비전을 켰다.

That's boring.
지루하군.

Tom didn't want to watch it,...
Tom은 그것을 보고 싶지 않아서

...to change channels.
채널을 바꿨다.

During a commercial,...
광고 방송이 나오는 동안

He watched the news,...
뉴스를 시청하다가

...he turned the TV off.
텔레비전을 껐다.

Streaming Services

스트리밍 서비스

Jenny turned on her computer.

Jenny는 자신의 컴퓨터를 켰다.

She browsed through their new releases...

새로 출시된 작품들을 살펴본 후

She went to the living room to finish the show.

거실로 가서 방송 프로그램을 끝까지 보았다.

She searched for her favorite vlogger.

좋아하는 브이로거를 찾아봤다.

She subscribed to the channel to get notifications for more live streams.

라이브를 하게 되면 알림을 받기 위해서, 그 채널을 구독했다.

She went to her favorite streaming service.

그녀가 좋아하는 스트리밍 서비스에 접속했다.

...and picked a show to watch.

시청할 방송 프로그램을 골랐다.

Then, she changed to a different streaming service.

그다음 스트리밍 서비스를 다른 걸로 바꿨다.

She watched the vlogger's livestream and chatted.

그 브이로거의 라이브를 보면서 채팅을 했다.

KEY VOCABULARY

VERBS

browse	검색하다, 살펴보다
change	바꾸다, 변경하다
chat	대화하다, 채팅하다
pick	고르다, 선택하다
search	찾아보다, 검색하다
subscribe	구독하다

NOUNS

channel	(방송의) 채널
computer	컴퓨터
livestream	라이브 스트리밍, 생방송
notification	알림
releases	출시물, 개봉작
service	서비스
show	방송 프로그램
stream	스트림, 인터넷을 통한 방송
vlogger	브이로거

*비디오(video)와 블로거(blogger)를 합성한 신조어로, 비디오를 통해서 일상을 기록하는 사람들을 일컫는 말

OTHERS

streaming	스트리밍

FOR SPECIAL ATTENTION

- **streaming services** 스트리밍 서비스들은 시청자들이 관심을 가질만한 프로그램이나 동영상들을 선별해서 보여주는 경우가 많다. 사용자는 그런 콘텐츠에 "좋아요(like)"나 "싫어요(dislike)" 등의 의견을 표시하거나, 해당 콘텐츠를 만든 크리에이터의 채널을 구독하는 등의 참여를 할 수 있다.

DAY 29

Going to Bed

잠자리에 들기 🎧29

KEY VOCABULARY

VERBS

fall asleep	잠이 들다
[fall-fell-fallen]	
get into (bed)	(잠자리)에 들어가다
[get-got-got]	
hang up	(옷 등을) 걸다
[hang-hung-hung]	
lie down	눕다
[lie-lay-lain]	
pull back	뒤로 잡아당기다
say goodnight	취침 인사를 하다
[say-said-said]	
set	정하다
yawn	하품하다

NOUNS

closet	벽장, 옷장
covers	덮개
face	얼굴
lamp	전등
laundry basket	세탁 바구니
nightgown	잠옷
nightstand	침실용 탁자
room	방
stairs	계단

OTHERS

bedside	침대 옆의
for a while	잠시 동안
upstairs	위층으로

FOR SPECIAL ATTENTION

- **upstairs** '2층으로' 혹은 '위층으로'의 뜻으로, 반의어는 downstairs이다.

- **bedside lamp** (침대 곁에 두고 사용하는) 침실등

- **covers** 잠을 잘 때 덮는 것으로, top sheet (겉시트), blanket (담요), bed spread (침대덮개) 등을 포함한다.

- **set one's alarm clock for ~** 아침에 원하는 시간에 벨이 울리도록 자명종을 맞추다.

When it got late,...

밤이 깊어지자

...Jenny yawned.

Jenny는 하품을 했다.

She said goodnight to her parents.

그녀는 부모님께 취침 인사를 했다.

She went upstairs to her room...

계단을 올라 자기 방으로 가서

...and changed into her nightgown.

잠옷으로 갈아 입었다.

She hung some of her clothes up in the closet...

옷장에다 몇 가지 옷을 걸고

...and put her dirty clothes in the laundry basket.

더러워진 옷들은 세탁 바구니에 넣었다.

She brushed her teeth,...

이를 닦고

...washed her face,...

세수를 하고

...and used the toilet.

용변을 보았다.

After turning on her bedside lamp,...

침대 곁의 전기스탠드를 켠 후

...she turned off the room light.

방 전등을 껐다.

...and got into bed.

침대 안으로 들어갔다.

She set her alarm clock...

자명종을 맞추고

...and put it on her nightstand.

그것을 침실용 탁자에 놓았다.

She read in bed for a while.

잠자리에서 잠시 책을 읽었다.

She pulled back the covers...

침대덮개를 젖히고

Finally, she turned off the lamp,...

마지막으로 전등을 끄고

...laid down,...

누운 다음

...and fell asleep.

잠이 들었다.

Managing a Household

집안일하기

Scan for Audio

Scan for Preview

DAY 30

Doing Laundry

세탁하기

KEY VOCABULARY

VERBS

do laundry	세탁하다
fold	접다
iron	다림질하다
separate	분리하다
sort	분류하다
spin	회전시키다, 탈수하다
take out	꺼내다
tumble	뒤집다

NOUNS

basket	바구니
clothesline	빨랫줄
clothespin	빨래집게
color	색
detergent	세제
drawer	서랍
dryer	건조기
hanger	옷걸이
iron	다리미
ironing board	다림판
laundry	세탁(물)
load	한짐, 작업량
setting	설정

OTHERS

dark	(색이) 짙은
dry	건조한
light	(색이) 엷은
today	오늘

FOR SPECIAL ATTENTION

- **sort** 사물을 (치수, 형, 등급에 의해) 분류하다
- **a load of** '사람 기계 등의 작업량, 분담 양'의 뜻으로, a load of laundry는 1회분 세탁 양을 말한다.
- **tumble** 회전식 건조기에서 옷을 뒤집는 것을 말한다.

Later today, I'm going to do my laundry.

오늘 늦게, 나는 세탁을 하려고 한다.

I'll carry the laundry basket to the laundry room.

세탁 바구니를 세탁실로 가져갈 것이다.

I'll take the laundry out of the basket,...

바구니에서 세탁물을 꺼내고

...and then I'll sort it by separating dark colors from light.

짙은 색 옷과 엷은 색 옷을 나눠 세탁물을 분류할 것이다.

I'll check the pockets of the pants and shirts...

바지와 셔츠의 주머니를 확인하고

...and take out anything I find in them.

그 안에서 찾은 것들을 꺼낼 것이다.

Then, I'll put a load of laundry into the washing machine.

그러고 나서 세탁기에 세탁물을 한 무더기 넣을 것이다.

I'll adjust the settings on the machine.

세탁기의 설정을 맞출 것이다.

Then, I'll put in some detergent...

세제를 약간 넣고는

...and turn the machine on.

세탁기를 작동시킬 것이다.

The machine will wash,...

세탁기는 세탁을 하고

...rinse,...

헹구고

...and spin the laundry.

세탁물을 탈수할 것이다.

I'll take the wet clothes out of the machine.

세탁기에서 젖은 옷들은 꺼낼 것이다.

clothesline
빨랫줄

clothespin
빨래집게

I'll hang some of the laundry out to dry.

세탁물의 일부는 밖에 널어 말릴 것이다.

I'll put some other laundry into the dryer.

일부 다른 세탁물은 건조기에 넣을 것이다.

The dryer will dry it by heating and tumbling it.

건조기는 열을 가하고 뒤집어서 세탁물을 건조할 것이다.

Then, I'll take it out of the machine.

그러고 나서 건조기에서 세탁물을 꺼낼 것이다.

I'll fold some of the dry laundry...

건조된 일부 세탁물을 개어서

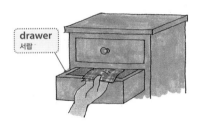

drawer
서랍

...and put it into drawers.

서랍에 넣을 것이다.

iron
다리미

ironing board
다림판

I'll iron other things...

다른 것들은 다림질하고

hanger
옷걸이

...and hang them up in the closet.

옷장에 그 옷들을 걸어둘 것이다.

DAY 31

Cleaning the House

집안 청소하기 (31)

KEY VOCABULARY

VERBS

bundle	묶다
clean	청소하다
dust	먼지를 떨다
empty	비우다
lie around	널려있다
mop	(대걸레로) 닦다
recycle	재활용하다
set out	준비하다
sweep	쓸다
take out	꺼내다
throw out	던져 버리다
vacuum	진공청소기로 청소하다
wipe	닦다

NOUNS

bathtub	욕조
bottle	병
brush	솔
carpet	양탄자
countertop	조리대
floor	마루
furniture	가구
jar	(입구가 넓은) 병
medicine cabinet	약장
mirror	거울
trash	쓰레기
wastebasket	휴지통, 쓰레기통
woodwork	목제품, (문짝 등의) 나무로 된 부분

OTHERS

big	커다란
mushy	무른
old	오래된
spoiled	상한

FOR SPECIAL ATTENTION

- **dust** 명사형으로는 '먼지'를 뜻하고, 동사형으로는 '먼지를 떨어내는 것'을 말한다.

[In the Living Room 거실]

Pam picks up things that are lying around.

Pam은 여기저기 널려있는 것들을 줍는다.

She dusts the furniture...

가구의 먼지를 닦아내고

...and the woodwork.

목제품의 먼지를 닦는다.

vacuum cleaner 진공 청소기

Then, she vacuums the carpet.

그리고 나서 진공청소기로 양탄자를 청소한다.

[In the Kitchen 부엌]

refrigerator 냉장고

Dan cleans the refrigerator...

Dan은 냉장고를 청소하고

어이구! 이 오이가 물러 버렸네.

Yecch! This cucumber is mushy.

...and throws out spoiled food.

상한 음식을 버린다.

Pam wipes the countertops...

Pam은 조리대를 닦고

broom 빗자루

...and sweeps the floor.

마루를 쓴다.

In the Bathroom 욕실

Dan scrubs the toilet with a toilet brush,...

Dan은 변기 솔로 변기를 문질러 닦고

...cleans the sink,...

세면대를 닦고

...and scrubs the bathtub.

욕조를 문지른다.

medicine cabinet
약장

He washes the mirror on the medicine cabinet.

약장의 거울을 닦는다.

dustpan
쓰레받기

broom
빗자루

Then, he sweeps the floor...

그리고 나서, 마루를 쓸고

mop
대걸레

bucket
양동이

...and mops it.

대걸레로 닦는다.

Taking Out the Trash 쓰레기 내놓기

They bundle old newspapers...

오래된 신문들을 묶고

jar
(입구가 넓은) 병

bottle
병

can
깡통

...and put empty bottles, cans, and jars into bags.

빈병, 깡통, 단지들을 봉지에 넣는다.

recycling box
재활용 상자

They set them out for recycling.

재활용을 위해 이들을 준비해 둔다.

wastebasket
쓰레기통

garbage bag
쓰레기봉투

Then, they empty wastebaskets...

그리고 나서 휴지통을 비우고

kitchen garbage
음식물 쓰레기

...and the kitchen garbage into a big garbage bag...

음식물 쓰레기를 큰 쓰레기봉투에 담고

garbage can
쓰레기통

...and take it out to the garbage can.

그것을 쓰레기통에 내다 버린다.

DAY 32

Taking Care of Pets

반려동물 돌보기

KEY VOCABULARY

VERBS

bark	짖다
call	부르다
come	오다
[come-came-come]	
feed	먹이를 주다
[feed-fed-fed]	
fetch	(가서) 가져오다
pet	쓰다듬다
pounce	덤벼들다
purr	가르랑거리다
rub	문지르다
wag	꼬리를 흔든다

NOUNS

cat	고양이
collar	(개 등의) 목걸이
dog	개
food	먹이
leash	가죽끈
stick	막대기
string	끈, 줄
tail	꼬리
walk	산책

OTHERS

fresh	신선한

FOR SPECIAL ATTENTION

- **litter box** 고양이 변기통
- **against** ~에 기대어
- **wag** (꼬리 등을) 흔든다
- **fetch** (개가) 던진 물건 등을 가서 물어오다
- **cat sounds** 고양이가 내는 소리를 보통 meow(야옹)라고 하는데, 고양이가 조용하고 기분 좋을 때에는 purr (가르랑거리다), 싸울 때는 hiss (쉬익) 소리를 낸다.
- **pronouns used with pets** 고양이나 개를 가리킬 때 지시대명사 it를 사용하는 대신에 he나 she를 사용한다.
- **dog sounds** 개짖는 소리에는 여러가지가 있다: bark (짖다), yelp (캥캥 짖다), whine (낑낑거리다), howl (소리를 길게 내며, 울부짖다) 등이 있다.

(Taking Care of a Cat 고양이 돌보기)

Meow!
야옹!

To feed his cat, Tom opened a can of cat food...

고양이에게 먹이를 주기 위해 Tom은 고양이 먹이 캔을 따서

...and put it in the cat's dish.

고양이 밥그릇에 넣었다.

He put some fresh water in the water dish.

물그릇에 신선한 물도 넣었다.

litter box
고양이 변기통

He also cleaned the litter box.

고양이 변기통도 청소했다.

Good Kitty. 착한 야옹이.

He petted the cat,...

고양이를 쓰다듬자

야아옹.

Purr

...and she purred and rubbed against his leg.

고양이는 가르랑 거리며 그의 다리에다 비벼댔다.

Come on, Kitty. Get the string.

어서 야옹아, 줄 좀 잡아봐.

He played with the cat by moving a piece of string,...

고양이와 놀며, 줄 한 가닥을 움직이자

...which the cat pounced on.

고양이가 그 줄을 잡으려고 덤벼들었다.

I called my dog.

나는 개를 불렀다.

After he came, I petted him.

개가 다가오자, 쓰다듬어 주었다.

He wagged his tail...

개는 꼬리를 흔들고

...and barked.

짖었다.

I put some dog food in his dish...

개 먹이를 밥그릇에 담고

...and filled his water dish.

물그릇도 채웠다.

Later, I clipped a leash to his collar...

얼마 후, 개 목걸이에 가죽끈을 매어

...and took him out for a walk.

개를 데리고 산책을 나갔다.

After his walk, I threw a stick for him,...

산책 후, 개가 가져오도록 막대기를 던지자

...and he fetched it.

개가 그것을 가져왔다.

DAY 33

Cleaning a Car

세차하기

KEY VOCABULARY

VERBS

buff	닦아내다
dip	담그다
dry	물기를 닦다, 말리다
rinse	헹구다
vacuum	진공청소기로 청소하다
wipe off	닦아내다

NOUNS

cloth	천
dashboard	계기판
rag	천 조각, 헝겊
soapy water	비눗물
sponge	스펀지
water	물
wax	왁스
window	창문

OTHERS

dried	건조한, 마른
inside	안으로
outside	밖으로
soft	부드러운

FOR SPECIAL ATTENTION

- **rinse a car** 차에 물을 뿌려 남아있는 비누 거품 등을 닦아 내는 것을 말한다.
- **buff** 천 조각을 좌우로 빨리 움직여 닦아내는 것을 말한다.
- **wax** '왁스'는 차 표면 등에 윤을 낼 때 사용하는 재료이다.
- **rag** '헝겊'은 천의 일종으로, 대체로 낡은 옷을 이용해서 만든다.

(**Inside** 자동차 내부)

I wash the windows inside,...

창 안쪽을 닦고

dashboard
계기판

...wipe off the dashboard,...

계기판을 닦고

...and vacuum the floor.

진공청소기로 바닥을 청소한다.

(**Outside** 자동차 외부)

sponge
스펀지

soapy water
비눗물

bucket
양동이

I dip a sponge into soapy water...

스펀지를 비눗물에 적시고

...and wash the car with it.

그것으로 차를 닦는다.

To rinse the car, I spray it with water.

차를 헹구기 위해 차에 물을 뿌린다.

I dry it with some rags.

헝겊으로 물기를 닦는다.

Then, I spread some wax on the car.

그리고 나서 차에 왁스를 바른다.

dried wax
마른 왁스

After it has dried,...

왁스가 마르면

...I wipe the wax off...

그 왁스를 닦아내고

...and buff the car with a soft cloth.

부드러운 천으로 차를 닦아 낸다.

Finally, I wash the windows outside.

끝으로, 창문 바깥쪽을 닦는다.

Taking a Car to a Garage for Repairs

자동차 정비소에 수리 맡기기

My car is making a strange noise. When can you look at it?

차에서 이상한 소리가 납니다. 언제 살펴봐주실 수 있을까요?

I called for an appointment to get my car fixed.

차 수리를 위해 예약 전화를 걸었다.

EDDIE'S CENTER

I took my car into the garage,...

차를 정비소에 가져가자

응, 밸브 문제 같은데요.

Yep. Sounds like a valve problem.

...and the mechanic diagnosed the problem.

수리공이 문제를 진단했다.

How much will it cost to fix?

Probably about $900.

수리 비용이 얼마나 될까요?

아마 900달러 정도 일 겁니다.

I asked him for an estimate of the cost.

그에게 견적을 내달라고 했다.

engine
엔진

He worked on the engine.

그가 엔진 수리를 했다.

다 되었습니다.

It's ready.

Is it ready yet?

수리 다 됐나요?

When I came back later to pick up the car,...

나중에 차를 가지러 다시 왔을 때

That'll be $1,200 for parts and labor.

$1,200! Ouch!

부품비와 작업비용을 합해서 1,200달러입니다.

1,200달러요! 어이구!

...he gave me the bill for the repair.

나에게 수리 비용 청구서를 건네주었다.

KEY VOCABULARY

VERBS

ask for	요청하다
call	전화를 걸다
come back	돌아오다
diagnose	진단하다
fix	고치다. 수리하다
get	~하게 하다
[get-got-got]	
take in	가지고 가다
[take-took-taken]	
work (on)	~에 대해서 작업하다

NOUNS

appointment	약속, 예약
bill	청구서
cost	비용, 경비
engine	엔진
estimate	견적
garage	차고, 정비소
labor	노동, 일
mechanic	수리공
repair	수리
valve	밸브

OTHERS

later	나중에
probably	아마

FOR SPECIAL ATTENTION

- **for repairs** '수리를 위해서'라는 뜻으로 보통 복수형을 사용한다.

- **get ~ fixed** 자신이 직접 수리하는 것이 아니라 누군가를 시켜 수리하는 것을 말한다.

- **call for an appointment** 전화를 걸어 만날 시간을 정하는 것을 말한다.

- **ouch** 놀람, 아픔 등을 나타내는 감탄사 여기서는 수리 비용이 너무 많아서 걱정이 되어 내는 소리이다.

DAY 35

Shopping for Groceries

장보기 🎧 35

KEY VOCABULARY

VERBS

feel	만져보다
go through	통과하다
look for	찾다
shop	쇼핑하다
try	시식하다
weigh	무게를 달다

NOUNS

brand	상표, 브랜드
cart	카트, 손수레
checkout counter	계산대
cold cut	얇게 썬 냉육
counter	판매대
fruit	과일
goods	상품, 물품
groceries	식료품 및 잡화류
list	목록
peas	완두콩
pizza	피자
price	가격
produce	제품
sample	견본
scale	저울
section	코너, 구역
shopping	쇼핑
toilet paper	화장지

OTHERS

canned	통조림의
cheap	값싼
free	무료인
frozen	냉동의
household	가사의, 가정의
next	다음에
plastic	플라스틱의, 비닐의

FOR SPECIAL ATTENTION

- **instead of** (무엇의) 대신에, 대신하여
- **on special** 평소보다 저렴한 가격에 판매하는 '특별행사 상품'을 뜻하며, 여기서 special은 a lower price를 의미한다.
- **dairy goods (sections)** 우유, 치즈, 요구르트, 버터 등의 등의 유제품 (매장)
- **deli** delicatessen(조리식품점)의 줄인 말로, 샐러드, 훈제 생선, 소시지, 통조림, 빵, 요리한 고기 등을 판매한다.

shopping cart 쇼핑카트

Tom gets a shopping cart.

Tom은 쇼핑카트를 가져온다.

Some people use a basket instead of a cart.

어떤 사람들은 카트 대신에 바구니를 이용한다.

He checks his shopping list to see what he should buy.

무엇을 사야 할지 알아보기 위해 쇼핑 목록을 점검한다.

In the fresh produce section, he checks the fruit and vegetables by feeling...

신선제품 코너에서, 과일과 채소를 만져보고

...and smelling them.

냄새도 맡으면서 확인한다.

He puts some fruit in a plastic bag...

비닐봉지에 과일을 담고

...and weighs the fruit on a scale.

저울 위에서 과일 무게를 단다.

Next, he picks up some fresh meat at the meat counter.

다음엔 정육 매장에서 신선한 고기를 산다.

Then, at the deli, he gets some cold cuts...

그다음 조리식품 코너에서 얇게 썬 냉육을 사고

...and cheese.

치즈도 산다.

He goes through the canned goods aisle.

통조림 제품이 진열된 통로를 지나간다.

He checks the prices on two brands of canned peas...

두 가지 상표의 완두콩 통조림 가격을 살펴보고

...and chooses the cheaper one.

좀 더 싼 것을 선택한다.

As he shops, he looks for specials.

쇼핑 중에 특별행사 상품들도 찾아본다.

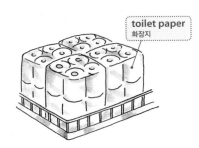

He picks up some toilet paper in the household goods section...

일용품 코너에서 화장지를 고르고

...and gets some milk in the dairy section.

유제품 코너에서 우유도 산다.

He tries a free sample of some pizza...

피자 무료 시식도 해보고

...and takes some frozen pizza from the frozen-food case.

냉동식품 진열장에서 냉동 피자도 꺼낸다.

Finally, he goes to the checkout counter.

끝으로, 계산대로 간다.

DAY 36

Paying for Things

물건값 지불하기

36

KEY VOCABULARY

VERBS

count out	(하나하나) 세다
insert	기록하다
print	인쇄하다
scan	스캔하다
sign	서명하다
unlock	잠금을 해제하다
verify	판별하다, 확인하다

NOUNS

bar code	바코드
cashier	캐셔, 계산대 직원
change	거스름돈
copy	복사본
credit card	신용카드
fingerprint	지문
payment slip	지불전표
purchase	구입물품
reader	리더기, 판독기
register	금전 등록기
total	합계
transaction	거래

FOR SPECIAL ATTENTION

- **ring up** 캐셔가 상품 가격을 기계에 기록하는 것을 말한다.
- **scan** 빛을 쏘여서 바코드에 담긴 정보를 읽어내는 것을 말한다.
- **bar code** '바코드'는 검정 줄무늬를 기호로 사용하고, approval code '승인번호'는 번호를 기호로 사용한다.
- **change** 잔돈, 거스름돈

The cashier rings up Tom's purchases...

캐셔는 Tom이 구매한 것을 기계로 읽어들인다.

BEEP! / 삐익! / scanner 스캐너

cash register 금전 등록기 / keys 키

...by scanning bar codes...

바코드를 스캔하고서

...and pressing keys on the cash register.

금전등록기의 키를 누른다.

That'll be $23.50.

전부 23달러 50센트입니다.

She tells him the total to pay.

캐셔는 그에게 지불해야 할 전체 금액을 말한다.

[Paying with Cash 현금으로 지불하기]

Here's $30.

여기 30달러입니다.

He takes some money out of his wallet...

지갑에서 돈을 꺼내서

...and gives it to her.

그녀에게 준다.

She puts it into the register...

직원은 받은 돈을 등록기에 넣고

...and takes out his change.

그에게 줄 거스름돈을 꺼낸다.

$23.50, 24, 25 and 5 makes $30.

23달러 50센트, 24, 25달러 그리고 5달러 더하면 30달러네요.

She counts it out to him...

그 앞에서 거스름돈을 센 다음

...and gives it to him with his receipt.

영수증과 함께 그에게 준다.

Paying by Phone 휴대전화로 결제하기

He turns on his phone.

그는 휴대전화를 켠다.

He opens his banking application.

모바일 뱅킹 앱을 연다.

He unlocks his application with his fingerprint.

지문으로 앱의 잠금을 해제한다.

He scans his phone to pay.

자신의 휴대전화를 스캐너에 대고 금액을 지불한다.

The cashier checks the transaction and gives him a receipt.

캐셔는 거래내역을 확인하고 그에게 영수증을 건넨다.

Paying by Credit Card 신용카드로 지불하기

He gives his card to the cashier.

카드를 캐셔에게 건넨다.

She inserts the card into the reader.

그녀는 카드를 리더기 사이에 통과시킨다.

She asks the man to verify and sign for the payment.

캐셔는 그에게 거래내역을 확인한 후에, 결제를 위해서 서명을 해달라고 요청한다.

He signs the card reader.

그는 카드 리더기에 서명을 한다.

She prints a copy of the payment slip and receipt...

그녀는 지불전표와 영수증을 인쇄해서

...and gives the man his card back.

카드와 함께 건네준다.

DAY 37 Going to the Bank

은행에 가기

KEY VOCABULARY

VERBS

ask for	요구하다
endorse	(어음, 수표 등에) 배서하다
insert	삽입하다
line up	정렬시키다
need	필요하다
return	돌려주다, 반환하다
sign	서명하다

NOUNS

amount	금액
back	뒷면
balance	잔액
bank	은행
cash card	현금카드
check	수표
deposit	예금
keypad	키패드
magnetic strip	마그네틱 선, 자기 띠
passbook	예금통장
purse	지갑
screen	화면
slip	전표
teller	창구직원
transaction	거래내역
window	창구

FOR SPECIAL ATTENTION

- **deposit slip** 은행 계좌에 입금할 때 사용하는 전표, 예금 전표
- **deposit** 구좌에 돈을 입금 시키는 것을 말하고, withdraw는 예치된 금액을 찾는 것을 말한다.
- **passbook** (은행의) 보통 예금 통장
- **carried forward** 이월
- **ATM** Automated Teller Machine의 머리글자로 보통 cash machine이라고도 한다.
- **PIN** Personal Identification Number의 머리글자

(Making a Deposit 예금하기)

Paul went to the bank.

Paul은 은행에 갔다.

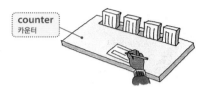

At a counter, he filled out a deposit slip.

카운터에서 예금 전표를 기입했다.

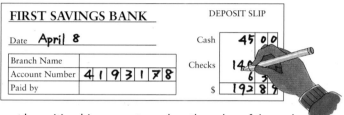

He filled it out by writing his account number, the value of the cash and check deposits, and the total.

계좌번호, 현금 액수, 수표 금액, 합계금액을 적어서 기입한다.

At the teller window,...

출납 창구에서

...he endorsed the checks by signing them on the back.

수표 뒷면에 서명하여 배서했다.

Then, he gave the teller his deposit.

그리고 나서, 창구 직원에게 예금을 건넸다.

She checked the amounts on the slip,...

그녀는 이 전표의 금액을 확인하고

Transaction	Amount	Balance
Carried forward		1221.64
Deposit	192.89	1414.53

...printed the deposit amount in his passbook,...

통장에 예금액을 인쇄해서

Thanks. Have a nice day!

감사합니다. 좋은 하루 보내세요!

...and gave him back his passbook.

통장을 돌려주었다.

Using an ATM 현금 자동 인출기 사용하기

Kate needed money,...

Kate는 돈이 필요해서

She took her cash card out of her purse.

지갑에서 현금카드를 꺼냈다.

...and inserted the card into the slot on the ATM.

현금 자동 인출기의 삽입구에 카드를 넣었다.

...so she entered her PIN by pressing keys on the keypad.

키 패드를 눌러 비밀번호를 입력했다.

The machine returned her card...

기계가 그녀의 카드를 반환하고

...so she went to an ATM in the store.

가게 안에 있는 현금 자동 인출기로 갔다.

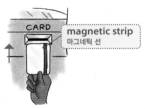

She lined up the magnetic strip properly...

카드의 마그네틱 선을 바르게 맞추고

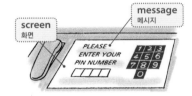

A message on the screen asked for her PIN,...

화면에 메시지가 뜨고 비밀번호를 요청하자

Then, she entered the amount of money she needed.

그다음 필요한 금액을 입력했다.

...and gave her her money.

돈을 내주었다.

Section

5

Keeping in Touch

연락하며 지내기

Scan for Audio

Scan for Preview

DAY
38

Getting and Sending Email

이메일 주고받기 38

KEY VOCABULARY

VERBS

click	클릭하다
delete	삭제하다
log in	로그인하다
open	열다
print out	출력하다, 인쇄하다
read	읽다
[read-read-read]	
reply	답장을 하다
type	입력하다

NOUNS

address	주소
all	모든 사람
attachment	첨부 파일
box	박스
date	날짜
email	이메일
icon	아이콘
mailbox	편지함
message	메시지
password	패스워드
recipient	받는 사람
sender	보내는 사람
subject line	제목 입력란
time	시간
URL	웹사이트 주소
username	사용자 이름

FOR SPECIAL ATTENTION

- **attachment** 그림, 지도, 텍스트 파일, 노래 등과 같은 첨부자료
- **password** 메일 계정에 액세스하는데 필요한 암호
- **recipient** 수신자
- **URL** 인터넷 주소
  (예) www.compasspub.com

I clicked on my browser icon to go online.
나는 브라우저 아이콘을 클릭하여 인터넷에 접속했다.

I typed the URL for my email into the box.
주소창에 이메일 계정이 있는 웹사이트 주소를 입력했다.

I logged in with my username and password.
사용자 이름과 패스워드를 입력하여 로그인했다.

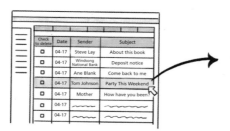

I had nine new messages in my mailbox.
메일함에 9개의 새로운 메시지가 도착해 있었다.

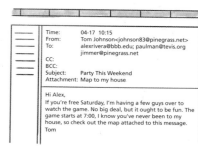

I opened one and read it.
그중 하나를 열어 읽었다.

I opened the attachment.

첨부파일을 열었다.

I replied to the message. I replied to all, not just Tom.

이메일에 답신했다. Tom을 포함하여, 모든 사람의 이메일에 답신했다.

Then, I printed out the attachment...

이어서, 첨부파일을 출력하고는

...and deleted the email from my mailbox.

해당 이메일을 메일함에서 삭제했다.

(**Parts of an Email Message** 이메일 메시지 구성)

date and time 날짜 및 시간	Time:	04-17 10:15
sender's address 보내는 사람 주소	From:	Tom Johnson<johnson83@pinegrass.net>
recipient's address 받는 사람 주소	To:	alexrivera@bbb.edu; paulman@tevis.org jimmer@pinegrass.net
	CC:	
	BCC:	
subject line 제목	Subject:	Party This Weekend
attachment 첨부 파일	Attachment:	Map to my house
text 내용		Hi Alex, If you're free Saturday, I'm having a few guys over to watch the game. No big deal, but it ought to be fun. The game starts at 7:00, I know you've never been to my house, so check out the map attached to this message. Tom

DAY 39

Using a Mobile Phone / Texting

휴대전화 사용하기 / 문자 보내기 🎧39

KEY VOCABULARY

VERBS

answer	전화를 받다
dial	전화를 걸다
end	끝내다
find [found]	찾다
hear [heard]	듣다
hit [hit]	(버튼을) 누르다
make [made]	만들다, (전화를) 걸다
pick up	(전화를) 받다
select	선택하다
set [set]	(알람을) 맞추다
shine	(빛을) 비추다
take [took]	(사진을) 찍다
text	문자를 보내다
turn on	전원을 켜다
type	입력하다
write [wrote]	작성하다

NOUNS

abbreviation	줄임말
alarm	알람
call	전화
contact	연락
light	빛
listing	목록, 명부
menu	메뉴
message	메시지
number	번호
picture	그림
ringtone	벨소리
symbol	기호
text	텍스트, 문자

FOR SPECIAL ATTENTION

- **contacts** '연락처 목록'을 말하며, 주로 자주 사용하는 번호를 등록해두는 목록이다.

Dan turned his phone on.

Dan은 휴대전화 전원을 켰다.

and pressed "Call" to make the call.

전화하기 버튼을 눌러 전화를 걸었다.

...so he ended the call.

전화를 끊었다.

He selected his contacts...

연락처를 선택하고

He dialed a number on the screen...

화면 위에 숫자를 누른 다음

The person did not pick up,...

상대방이 전화를 받지 않아서

He went to the menu.

바탕화면 메뉴로 이동했다.

...and found a listing for his friend Jim.

목록에서 친구인 Jim을 찾았다.

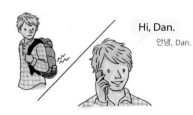

Hi, Dan.

안녕, Dan.

Jim heard his ringtone and answered Dan's call.

Jim은 벨소리를 듣고 Dan의 전화를 받았다.

(Texting 문자 보내기)

Pam opened her phone and searched for her friend's contact information.

Pam은 휴대전화를 열어서 친구의 연락처를 찾았다.

She selected "Message" on her phone menu.

휴대전화 메뉴에서 "메시지"를 선택했다.

She used her fingers to type...

손가락으로 자판을 눌러서

...and wrote a text message.

문자 메시지를 작성했다.

Many words in her message were abbreviations and symbols.

그녀가 작성한 메시지 안에는 다양한 줄임말과 기호들이 들어 있었다.

She checked her message and hit "Send."

그녀는 메시지 내용을 확인하고 "보내기"를 눌렀다.

(Some Texting Symbols 문자메시지 기호의 예)

Abbreviations 줄임말		Emoticons 이모티콘	
THX	Thanks	☺	I'm happy.
BRB	Be right back	😮	I'm shocked.
BTW	By the way	😉	I'm joking. / I'm winking at you.
SFLR	Sorry for late reply	😢	I'm sad.
TMW	Tomorrow	😆	I'm laughing.

(Other Things You Can Do with Phones 휴대전화로 할 수 있는 그 밖의 일들)

Set an alarm

알람 맞추기

Take pictures

사진 찍기

Shine a light

손전등으로 사용하기

DAY 40

Making a Phone Call
전화 걸기

KEY VOCABULARY

VERBS

answer	전화를 받다
dial	전화를 걸다
identify	신분을 밝히다
look up	찾아보다
pick up	집어 들다
say hello	인사를 하다
[say-said-said]	

NOUNS

phone	전화

FOR SPECIAL ATTENTION

- **telephone** 전화의 종류는 버튼을 직접 누르는 push-button 식과 다이얼을 돌리는 dial 식으로 나뉜다.

Jenny looked up Kate's phone number online.
Jenny는 온라인에서 Kate의 전화번호를 찾았다.

She picked up her phone...
자신의 휴대전화를 집어 들고

Hmmm...
음...

...and unlocked the screen.
화면의 잠금을 해제했다.

Then, she dialed the number.
그런 다음 그 번호로 전화를 걸었다.

ring...
ring...
따르릉...
따르릉...

She heard Kate's phone ringing.
Kate에게 신호가 가는 소리를 들었다.

Hello?
여보세요?

When Kate answered,...
Kate가 전화를 받자

Hi, Kate.
This is Jenny.
안녕, Kate.
나 Jenny야.

...Jenny said hello and identified herself.
Jenny는 인사를 하고 자신이 누구인지를 밝혔다.

I'm calling to see
if you'd like to go
swimming.
혹시 함께 수영하러
가지 않을래?

Then, she said why she called.
그리고 나서, 전화를 건 이유를 말했다.

Answering a Telephone

전화 받기 🔊

ring...
ring...

따르릉...
따르릉...

Kate heard the phone ringing...

Kate는 전화벨이 울리는 것을 듣고

...and took it off the charger.

충전 케이블을 제거했다.

Hello?

여보세요?

She answered the phone by saying hello...

'여보세요' 하고 전화를 받은 다음

Hi, Kate.
This is Jenny.

안녕, Kate.
나 Jenny야.

...and then let the caller speak.

전화를 건 사람의 말을 들었다.

...if you'd like to go swimming.

수영하러 가지 않을래?

I'd love to, Jenny. When?

너무가고 싶어, Jenny. 언제 갈까?

They talked for a while...

그들은 잠시 이야기를 나누고

...and then she hung up.

전화를 끊었다.

(If It's a Wrong Number 잘못 걸려온 전화일 경우)

Mike씨 좀 바꾸어 주세요.

Could I speak with Mike?

Kate didn't know the person the caller asked for.

Kate는 상대방이 찾는 사람을 몰랐다.

I'm sorry. There's no one here by that name. You have the wrong number.

죄송합니다.
여긴 그런 사람
없는데요.
잘못 거셨어요.

She told him that he had a wrong number.

그에게 전화를 잘못 걸었다고 말했다.

이런 죄송합니다.

Ooops!
Sorry!

He apologized and hung up.

그는 사과하고 전화를 끊었다.

DAY 42

Leaving a Message
메시지 남기기

KEY VOCABULARY

VERBS

agree	동의하다
call back	답신으로 다시 전화를 걸다
catch	이해하다, 알아듣다
identify	신분을 밝히다
leave	남기다
[leave-left-left]	
repeat	반복하다
spell	철자를 말하다

NOUNS

last name	(이름의) 성
message	메시지
name	이름

FOR SPECIAL ATTENTION

- **available** 전화를 받을 수 있는 상태를 말한다. 따라서 not available의 경우, 자리에 없거나 다른 이유로 전화를 받을 수 없는 경우에 쓰인다.

- **leave a message / take a message**
  메시지를 남기다 / 메시지를 받다
  메시지를 전달해 달라고 요청하는 말로는,
  "Could I leave a message?"
  "Could you take a message?" 등이 있다.

Can I speak to Dan, please?

Dan 좀 바꾸어 주세요.

I asked to speak to Dan,...

Dan과 통화하기를 요청했지만

I'm sorry, but he's not here right now.

최송합니다만, 지금 여기 안 계십니다.

...but he wasn't available.

그는 자리에 없었다.

This is Alex. I work with Dan. Could you please take a message for him?

저는 Alex입니다. Dan과 함께 일합니다. 그에게 메시지 좀 전해 주시겠습니까?

I identified myself and asked her to take a message.

내 신분을 밝히고 그녀에게 메시지를 전해달라고 부탁했다.

Sure. I'm sorry, I didn't catch your name.

물론이죠. 최송합니다. 성함을 못 들었는데요.

She agreed and asked me to repeat my name.

그녀가 승낙하고 내 이름을 다시 말해달라고 했다.

저는 Alex입니다. Alex Rivera요.

It's Alex, Alex Rivera.

I repeated it...

내 이름을 반복해서 말하고

철자 좀 불러주시겠어요?

Could you spell that out, please?

네. R-I-V-E-R-A입니다.

Sure. That's R-I-V-E-R-A.

...and spelled my last name.

그리고 내 성의 철자를 불러 주었다.

And my number is 555-5959.

그리고 제 전화번호는 555-5959입니다.

I also left my number...

전화번호도 남기고

Could you ask him to give me a call, please? Thanks.

그에게 전화해 달라고 전해 주시겠어요? 감사합니다.

...and asked that he call me back.

전화해 달라고 부탁했다.

Taking a Message

메시지 받기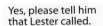

Hello?

여보세요?

Pam answered the phone,...

Pam이 전화를 받자

Is Dan there, please?

Dan 있습니까?

...and the caller asked for Dan.

상대방이 Dan을 바꿔 달라고 했다.

Sorry. He can't come to the phone right now. Can I take a message?

죄송합니다. 지금 전화 받을 수 없는데요. 메시지 전해 드릴까요?

She said he wasn't available and offered to take a message.

그녀는 그가 전화를 받을 수 없다고 말하고 메시지를 전해주겠다고 했다.

Yes, please tell him that Lester called.

네, Lester가 전화 했다고 전해주세요.

The caller left a message for Dan.

전화를 건 사람은 Dan에게 메시지를 남겼다.

notepaper
메모지

Pam wrote the message on some notepaper...

Pam은 메시지를 메모지에 적어

...and put it next to the phone.

전화기 옆에 두었다.

Later, Dan got the message...

나중에, Dan이 메시지를 받고

Hi, Lester. This is Dan. You called?

안녕, Lester. 나 Dan이야. 전화했니?

...and returned Lester's call.

Lester의 번호로 다시 전화를 했다.

KEY VOCABULARY

VERBS

return a call	회답 전화를 걸다
take a message	메시지를 받다
write	쓰다
[write-wrote-written]	

NOUNS

notepaper	메모지 용지

OTHERS

later	나중에
next to	~옆의
right now	지금 당장

FOR SPECIAL ATTENTION

- **Can I take a message?** 메시지를 받아 주겠다고 제안을 하는 또 다른 예시들로는, "Would you like to leave a message?" "Are there any messages?" 등이 있다.

- **return a call** call back과 같은 의미로, 메시지를 남긴 사람에게 전화를 하는 것을 의미한다.

DAY 44 Video Conferencing

화상회의

KEY VOCABULARY

VERBS

answer	대답하다, 응답하다
chat	대화하다, 채팅하다
discuss	토론하다, 논의하다
get	받다, 얻다
log in	로그인하다, 접속하다
select	선택하다
send	보내다, 전송하다
share	공유하다
test	점검하다, 확인하다

NOUNS

application	애플리케이션, 응용 프로그램, 앱
computer	컴퓨터
conference	회의
group	그룹, 단체
invite	초대
list	목록
microphone	마이크
screen	화면, 스크린
webcam	웹캠 (인터넷에 연결된 카메라)
work	일, 업무

OTHERS

conferencing	(특히 화상으로 진행하는) 회의

FOR SPECIAL ATTENTION

- **conferencing** 영상통화, 화상채팅, 화상회의 프로그램들은 개인용 컴퓨터나 스마트폰 등의 휴대 기기에서 사용할 수 있다. 다른 공간에서 얼굴을 보고 대화하여, 마이크와 카메라가 필요하고 인터넷에 연결되어 있어야 한다. 주로 이러한 프로그램들은 사용자의 화면을 다른 사람들과 공유할 수 있게 허용하는 기능이 있는 경우가 많으며, 이러한 기능을 '화면 공유하기(screen-share)'라고 부른다.

Dan logged on to his computer.

Dan은 자신의 컴퓨터에 로그인을 했다.

He tested his webcam...

웹캠의 상태와

He selected people in his contact list...

연락처에서 몇 명을 선택해서

Tom and Pam got the invite and answered.

Tom과 Pam이 초대장을 받아서 응답을 했다.

They discussed their work.

그들은 업무와 관련해서 논의를 했다.

He turned on his video conferencing application.

그는 화상회의 프로그램을 켰다.

...and his microphone.

마이크의 상태를 확인했다.

...and sent them an invite to video chat.

그들에게 영상통화 초대장을 보냈다.

Tom shared his screen with the group.

Tom은 대화그룹에게 자신의 화면을 공유했다.

Posting on Social Media

소셜 미디어에 게시물 올리기

Jenny took a photo of her friends with her smartphone.

Jenny는 자신의 스마트폰으로 친구들의 사진을 찍었다.

She opened a social media application.

그녀는 소셜미디어 앱을 열었다.

#bestfriends
#친한친구들

She wrote a message on the photo and added some hashtags.

그녀는 사진에 메시지를 적고, 해시태그도 몇 개 달았다.

Then, Jenny checked her feed.

그리고 나서, Jenny는 자신의 피드를 확인했다.

She added some effects and a filter and then saved the photo.

그 사진에 약간의 효과와 필터를 더해서 저장했다.

She uploaded the photo to share it with her friends.

그 사진을 친구들과 공유하기 위해 업로드했다.

Her friends liked her photo and wrote comments.

친구들이 그 사진에 좋아요를 누르며 댓글을 달았다.

She saw her friends' posts and commented on their photos.

그녀는 친구들의 게시물을 읽고 사진에 댓글을 달았다.

KEY VOCABULARY

VERBS

add	더하다, 추가하다
check	확인하다
comment	댓글을 달다
like	(소셜미디어 게시물에) 좋아요를 누르다
open	열다
save	저장하다
see	보다
take	(사진을) 찍다
upload	업로드하다, (네트워크에 데이터를) 올리다
write	쓰다, 작성하다

NOUNS

application	애플리케이션, 응용 프로그램, 앱
comment	댓글
effect	효과
feed	피드
	*소셜미디어의 게시물이 사용자에게 보이는 영역
filter	필터
	*디지털 효과를 더하는 기능
hashtag	해시태그
	*소셜미디어 게시물과 연관된 특정한 주제를 텍스트로 표시하는 방법. #를 주로 사용
message	메시지
photo	사진

OTHERS

social	사회적인, 사교적인, 소셜의

FOR SPECIAL ATTENTION

- **social media** 소셜미디어에는 다양한 종류가 있다. 소셜 네트워킹 사이트의 대표적인 예로는 페이스북(Facebook), 소셜 리뷰 사이트로는 옐프(Yelp)가 있다. 또한, 이미지 공유 사이트로는 인스타그램(Instagram)이 많이 사용되고, 동영상 업로드 사이트로는 유튜브(YouTube)가 대표적인 사례이다. 그 외에도 커뮤니티 블로그나 토론 사이트들도 있으며, 에어비앤비(Airbnb)와 같은 공유경제 네트워크도 있다.

DAY 46

Mailing a Letter

편지 보내기

KEY VOCABULARY

VERBS

enclose	동봉하다
fold	접다
lick	핥다
seal	봉하다
stand in line	줄을 서다
stick	붙이다
weigh	무게를 달다

NOUNS

address	주소
clerk	점원, 직원
envelope	봉투
mailbox	우체통
middle	중앙
postage	우편요금
post office	우체국
return address	발신인 주소
stamp	우표
turn	차례

OTHERS

enough	충분한
upper left	좌측 상단의

FOR SPECIAL ATTENTION

- **stand in line** 자신의 차례가 될 때까지 '줄을 서서 기다리다'라는 의미이며, 이때 line 앞에 a나 the 등의 관사를 사용하지 않는다.

- **express mail** '속달 우편'을 의미하며, 우체국에서 보통 창구 직원이 빠른 우편과 보통 우편 중 배달 방법을 확인하기 위해 "Regular or express?"라고 묻는다.

- **postage** 많은 미국인들은 우표를 핥아서(lick) 붙인다. 다른 문화에서는 우표를 젖은 스폰지에 갖다 대거나 풀(paste)을 사용하여 붙이기도 한다.

I hope she likes the pictures.

그녀가 이 사진들을 좋아하면 좋을 텐데.

I enclose some pictures.

나는 사진 몇 장을 동봉한다.

I fold up my letter...

편지를 접고

...and put it in the envelope with the pictures.

사진과 함께 봉투에 넣는다.

I write my friend's address in the middle of the envelope and my return address in the upper left corner.

봉투 중앙에 친구의 주소를 쓰고 좌측 상단에 발신인 주소를 쓴다.

I seal the envelope.

봉투를 봉한다.

POST OFFICE

I don't know how much postage I need. So, I take the letter to the post office.

필요한 우편요금이 얼마인지 몰라서 우체국으로 편지를 가져간다.

I stand in line.

줄을 선다.

When it's my turn,...

내 차례가 되어

...I go to the window.

창구로 간다.

How much do I need on this?

이 편지 요금이 얼마죠?

I ask the clerk how much postage I need.

직원에게 우편요금이 얼마인지 묻는다.

Regular mail or express?

보통 우편이요, 속달 우편이요?

Regular. 보통 우편이요.

He asks me how I want the letter to go...

직원이 편지를 어떻게 보낼 건지 내게 묻고

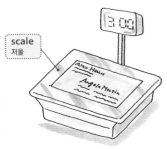

scale 저울

...and weighs the letter.

편지의 무게를 단다.

$1.20. 1달러 20센트요.

Okay. 네.

I buy enough stamps for the postage.

우편 요금에 해당하는 우표를 산다.

I lick the stamps...

우표에 침을 바르고

stamp 우표

...and stick them on the envelope.

봉투에 그 우표를 붙인다.

I put the letter in the mailbox.

우체통에 편지를 넣는다.

Having Fun with Friends

친구들과 즐겁게 지내기

Scan for Audio

Scan for Preview

DAY 47
Going to a Party
파티에 가기 🎧47

KEY VOCABULARY

VERBS

blow out	불어 끄다
bring	가져오다
[bring-brought-brought]	
greet	맞이하다
introduce	소개하다
light	불을 붙이다
shake hands	악수하다
sing	노래하다
thank	감사하다
wrap	포장하다

NOUNS

birthday	생일
cake	케이크
candle	(양) 초
card	카드
evening	저녁, 밤
guest	손님
host	주인
match	성냥
present	선물
wine	포도주
wrapping paper	포장지

FOR SPECIAL ATTENTION

- **light a candle** 초에 불을 붙이다
- **blow out a candle** 촛불을 불어서 끄다

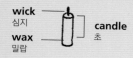

wick 심지
wax 밀랍
candle 초

- **"Happy Birthday"** 생일 축하 노래
- **a bottle of wine** '포도주 한 병'의 뜻으로, 파티 등에 초대받았을 경우, 보통 포도주 외에 꽃, 캔디 등을 가져가기도 한다.
- **small talk** 날씨나 스포츠 등의 가벼운 이야기
- **evening** sundown(일몰)에서 midnight (자정)까지의 시간을 지칭한다. 또한, 밤에 열리는 모임 등을 말하기도 한다.

[Going to a Birthday Party 생일 파티에 가기]

wrapping paper 포장지

Before the party, I wrap a present for my friend...

파티에 앞서, 친구에게 줄 선물을 포장하고

birthday card 생일카드

...and sign a card for him.

그에게 줄 카드에 서명을 한다.

Here you go, Leo. Happy birthday.
자 여기, Leo. 생일 축하해.

Thanks, Alex. Come on in.
고마워, Alex. 어서 들어와.

At the party, I give him the present and the card.

파티에서 그에게 선물과 카드를 준다.

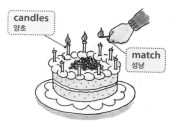

candles 양초
match 성냥

Someone lights the candles on the birthday cake.

생일 케이크의 초에 불을 붙인다.

Happy Birthday, Dear Leo...
생일 축하합니다. 사랑하는 Leo.

We all sing "Happy Birthday,"...

우리 모두는 생일 축하 노래를 부르고

...and Leo blows out the candles.

Leo가 촛불을 불어서 끈다.

Hey. I've been wanting this book. Thanks.
야, 이 책을 원했는데. 고마워.

He opens his birthday presents,...

그가 생일 선물들을 열어보고 나서

...and then everyone eats cake and ice cream.

모두가 케이크와 아이스크림을 먹는다.

Going to a Dinner Party 저녁 파티에 가기

Hi, Dan.
안녕, Dan.

Hi, Dan.
안녕, Dan.

Hi, Tom, Jenny. Glad you could come.
안녕, Tom, Jenny. 와줘서 기뻐.

Dan (the host) greets Tom and Jenny (the guests) at the door.

Dan(주인)이 현관에서 Tom과 Jenny(손님)를 맞이한다.

Leo, Kate. Good to see you.
Leo, Kate. 만나서 반가워.

Hi, Tom.
안녕, Tom.

Hi, Jenny.
안녕, Jenny.

Inside, they say hello to some people they know.

안에 들어와서, 그들은 아는 사람들과 인사를 나눈다.

Glad to meet you, John.
만나서 반갑습니다, John.

Same here, Tom.
저도 그렇습니다, Tom.

They shake hands...

그들은 악수를 하고

They have their dinner.

그들은 저녁 식사를 한다.

Thanks, Jenny, but you didn't have to bring anything.
고마워, Jenny. 가져올 필요 없었는데.

They give him a bottle of wine they brought.

그들은 가져온 포도주 한 병을 준다.

Tom, Jenny, I'd like you to meet Sharon Melton and her husband, John.
Tom, Jenny, Sharon Melton과 남편 John이야.

Dan introduces them to some people.

Dan은 그들을 다른 사람들에게 소개한다.

Sure was a hot one today.
오늘 정말 더운 날이죠.

Yeah.
네.

...and make some small talk.

약간의 가벼운 이야기를 나눈다.

Thanks, Dan. Great party.
고마웠어, Dan. 멋진 파티였어.

Glad you could come. Drive safely.
와 줘서 기뻐. 운전 조심해.

At the end of the evening, the guests say goodnight and thank Dan.

파티가 끝나자, 손님들이 Dan에게 작별 인사와 감사를 표한다.

DAY 48

Going to a Movie

영화 보러 가기

KEY VOCABULARY

VERBS

find out	알아내다
[find-found-found]	
show	상영하다
tear	찢다
[tear-tore-torn]	

NOUNS

box office	매표소
main feature	본 영화
movie	영화
popcorn	팝콘
preview	예고편
snack counter	매점
ticket-taker	표 받는 사람

FOR SPECIAL ATTENTION

- **the movie is showing** '영화가 상영 중' 이라는 의미
- **box office** 영화 티켓을 판매하는 창구로 ticket window라고도 한다.
- **stub** (표, 입장권 등의) 반쪽
- **preview** 영화의 예고편
- **credits** 영화 등에서 제작 및 출연진 등의 명단

We found out where and when the movie was showing.
영화 상영 장소와 시간을 알아냈다.

We bought tickets at the box office...
매표소에서 입장권을 사고

...and some popcorn at the snack counter.
매점에서 팝콘도 샀다.

The ticket-taker tore our tickets and gave us back the stubs.
표 받는 사람이 표를 찢어서 반쪽을 돌려주었다.

We went to our seats.
우리 자리로 갔다.

We watched previews of upcoming movies.
개봉 예정인 영화의 예고편을 보았다.

Then, we saw the main feature.
그리고 나서 본 영화를 관람했다.

At the end, we watched the credits.
영화가 끝나자, 제작 및 출연진 명단을 보았다.

Eating at a Fast-Food Restaurant

패스트푸드점에서 식사하기

Jenny stood in line...

Jenny는 줄에 서서

...and read the menu.

메뉴를 보았다.

빅 버거 하나, 감자튀김 작은 것 하나,
콜라 중간 사이즈 하나 주세요.

I'd like one Big Burger,
a small order of fries,
and a medium cola, please.

For here
or to go?

For here,
please.

여기서 드실 건가요
아니면 가져가실
건가요?

여기서
먹을 겁니다.

At the counter, she ordered her
food and a drink.

카운터에서 먹을 것과 음료를 주문했다.

5달러 20센트 입니다.

That'll be
$5.20.

Right.

네.

The clerk put the food on Jenny's tray,
and Jenny paid her.

점원이 Jenny의 쟁반에 주문한 음식을 놓자
Jenny가 값을 치렀다.

napkin
냅킨

dispensers
디스펜서

straw
빨대

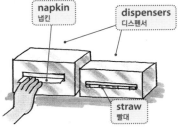

Jenny took some paper napkins and
a straw from the dispensers.

Jenny가 종이 냅킨과 빨대를 디스펜서에서 꺼냈다.

She ate her lunch at her table.

자리에 앉아 점심을 먹었다.

Other people got their food to go.

다른 사람들은 음식을 포장해 갔다.

When she finished eating, she threw
the empty wrappers in the trash.

식사를 마치고 빈 포장지를 쓰레기통에 넣었다.

KEY VOCABULARY

VERBS

| order | 주문하다 |
| stand in line | 줄을 서다 |

NOUNS

dispenser	분배기, 디스펜서
drink	음료
lunch	점심
menu	메뉴, 차림표
restaurant	식당
straw	빨대
wrapper	포장지

OTHERS

| fast-food | 즉석 음식, 패스트푸드 |

FOR SPECIAL ATTENTION

- **menu** 패스트푸드점에서는 보통 벽에 있는
  커다란 판에 메뉴를 써 둔다.

- **for here** 식당에서 먹기 위해 주문하는 것을
  말한다.

- **to go** 식당에서 먹지 않고 밖으로 가져가는
  것을 말한다. 같은 표현으로, take out 혹은
  take away를 사용하기도 한다.

- **dispenser** '디스펜서'는 종이컵, 냅킨,
  빨대 등을 필요한 만큼 꺼낼 수 있는 장치를 말한다.

- **wrapper** 음식물 등을 신선하게 보관하기 위한
  종이 등으로 만든 포장지 (일회용 용기)

DAY 50

Having Coffee at a Coffee Shop

커피숍에서 커피 마시기 50

KEY VOCABULARY

VERBS

call out	부르다
finish	끝마치다, (커피를) 다 마시다
leave [left]	떠나다
order	주문하다
pay [paid]	지불하다
plug	플러그를 연결하다
pump	눌러서 따르다
punch	펀치로 구멍을 내다
show	보여주다
sit [sat] down	자리에 앉다
tell [told]	말하다

NOUNS

café au lait	카페오레
cappuccino	카푸치노
card	카드
chai	차
clerk	종업원
coffee	커피
coffee shop	커피숍
container	컨테이너, 용기
conversation	대화
counter	카운터
cup	컵
customer	고객, 손님
dish	그릇
espresso	에스프레소
Internet	인터넷
laptop	노트북 컴퓨터
latte	라떼
muffin	머핀
outlet	(전기) 콘센트
refill	리필, 보충
table	테이블
tray	쟁반
Wi-Fi	와이파이

OTHERS

both	둘 다
brewed	드립으로 추출한
dirty	더러운
free	무료의
frequent	빈번한
online	온라인의

Pam and Jenny went to the coffee shop.

Pam과 Jenny는 커피숍에 갔다.

...and Pam ordered a muffin too.

Pam은 또한 머핀도 주문했다.

Other customers got their drinks to go.

다른 손님들은 음료를 테이크아웃해서 가지고 나갔다.

The clerk punched Jenny's frequent-customer card.

종업원은 Jenny의 고객카드에 펀치로 구멍을 뚫어 주었다.

Two large lattes, please.

라떼 큰 것으로 두 잔 주세요.

They ordered coffee at the counter,...

그들은 카운터에서 커피를 주문했다.

They told the clerk they wanted to drink their coffee in the shop.

커피를 가게에서 마시고 갈 거라고 점원에게 말했다.

Jenny paid for both of them.

Jenny는 커피와 머핀의 값을 모두 지불했다.

Two large lattes and two muffins.

라떼 큰 거 두 잔과 머핀 두 개 나왔습니다.

A clerk called out when Jenny's coffee was done.

커피가 준비되자 종업원이 알려주었다.

FOR SPECIAL ATTENTION

- **mug** 속이 안 보이는 자기 제품의 컵으로, 보통 손잡이(handle)가 달려있다.
- **Wi-Fi** 무선 인터넷 연결 시스템
- **frequent-customer card** 고객카드. 펀치란을 다 채우면, 흔히 커피 한 잔을 무료로 제공한다.

Jenny and Pam sat down at a table...

Jenny와 Pam은 테이블에 앉았고

So then I told him...

그래서 내가 그에게 말했지...

...and had a conversation.

대화를 나누었다.

You have to see this video!

이 비디오 꼭 봐야 해!

Jenny wanted to show Pam something on the Internet,...

Jenny는 Pam에게 인터넷에서 무언가를 보여주고 싶어 했다.

...so she plugged her laptop into an outlet.

그래서 노트북 컴퓨터의 플러그를 콘센트에 꽂았다.

The coffee shop had free Wi-Fi, so she went online.

커피숍에 무료 와이파이 시스템이 갖추어져 있어서, Jenny는 인터넷에 접속할 수 있었다.

Free refills!

Pam finished her cup of coffee and got a refill.

Pam은 커피 한 잔을 다 마시고, 리필을 하러 갔다.

Pam pumped some coffee out of the container.

Pam은 커피를 보관하는 용기를 눌러 커피를 따랐다.

When they left the shop, they put their cups on a tray for dirty dishes.

커피숍을 나서면서, 사용된 식기 처리용 쟁반에 컵을 올려놓았다.

(Kinds of Coffee Shop Drinks 커피숍에서 판매하는 음료)

brewed coffee
(ordinary coffee)
드립 커피
(일반 커피)

espresso
(strong)
에스프레소
(진한 커피)

cappuccino
(espresso and steamed milk)
카푸치노
(에스프레소에 증기를 낸 우유를 섞어 만든 커피)

latte
(espresso and foamed milk)
라떼
(에스프레소에 따뜻한 우유를 타서 만든 커피)

café au lait
(coffee mixed with hot milk)
카페오레
(커피와 따뜻한 우유를 약 1:1의 비율로 섞어 만든 커피)

chai
(tea)
차
(향신료가 첨가된 인도산 차)

Appendix

Imperial and Metric Measurements

Notes on Irregular Forms

Imperial and Metric Measurements

미국에서는 길이를 측정할 때, 야드 · 파운드법을 사용한다.

	Imperial 야드 · 파운드법	Metric 미터법
Weight 무게	1 pound [1 lb.] (16 ounces)	0.45 kilogram (kg)
	1 ounce [1 oz.]	28.35 grams (g)
Distance 거리	1 mile [1 mi.] (5280 feet)	1.609 kilometers (km)
	1 yard [1 yd.] (3 feet)	0.914 meter (m)
	1 foot [1 ft.] (12 inches)	0.3048 meter (m)
	1 inch [1 in.]	2.54 centimeters (cm)
Volume / Capacity 부피 / 용량	1 gallon [1 gal.] (4 quarts)	3.785 liters (l)
	1 quart [1 qt.] (2 pints)	0.946 liter (l)
	1 pint [1 pt.] (2 cups)	0.473 liter (l)
	1 cup [1 c.] (8 fluid ounces)	236.6 milliliters (ml)
	1 fluid ounce [1 fl. oz.]	29.57 milliliters (ml)

Temperature

F = Fahrenheit (화씨)	C = Celsius (섭씨)
212 °F	100 °C
90 °F	32 °C
75 °F	24 °C
50 °F	10 °C
32 °F	0 °C
0 °F	-18 °C

US Money

1 dollar ($1) = 100 cents (100¢)

Amount 금액	Other names for it 다른 명칭들
1000 dollars	a grand
1 dollar	a buck
50 cents	a half dollar, half a buck
25 cents	a quarter
10 cents	a dime
5 cents	a nickel
1 cent	a penny

Notes on Irregular Forms

Irregular Verbs

영어의 동사형에는 규칙적인 형태도 있지만, 불규칙한 변형들이 있다. 아래 표를 참조하여 확인해보자.

Infinitive: Be

Present	Past	Past Participle
am	was	
is		been
are	were	

Infinitive: Have

Present	Past	Past Participle
has	had	had
have		

Other Irregular Verbs

Infinitive	Past Form	Past Participle
become	became	become
blow	blew	blown
buy	bought	bought
choose	chose	chosen
come	came	come
cut	cut	cut
deal	dealt	dealt
do	did	done
draw	drew	drawn
drink	drank	drunk
drive	drove	driven
eat	ate	eaten
fall	fell	fallen
feed	fed	fed
find	found	found
get	got	gotten / got
give	gave	given
go	went	gone
hang	hung	hung
hear	heard	heard
hold	held	held
know	knew	known
lay	laid	laid
leave	left	left
let	let	let
lie	lay	lain
make	made	made
mow	mowed	mown / mowed
pay	paid	paid
put	put	put

Infinitive	Past Form	Past Participle
read	read	read
reset	reset	reset
ride	rode	ridden
ring	rang	rung
run	ran	run
say	said	said
see	saw	seen
set	set	set
shake	shook	shaken
shine	shined	shined
show	showed	shown / showed
shut	shut	shut
sing	sang	sung
sit	sat	sat
speak	spoke	spoken
speed	sped / speeded	sped / speeded
spin	spun	spun
spit	spat	spit
spread	spread	spread
stand	stood	stood
stick	stuck	stuck
sweep	swept	swept
swing	swung	swung
take	took	taken
tear	tore	torn
tell	told	told
throw	threw	thrown
wake	woke / waked	woken / waked / woke
wear	wore	worn
write	wrote	written

Irregular Noun Plurals

보통 영어의 단수 명사에 's' 혹은 'es'를 붙혀서 복수를 만들지만, 불규칙한 변형들이 있다.
아래 몇 가지 예시들을 확인해보자.

Singular	Plural
child	children
foot	feet
knife	knives
leaf	leaves

Singular	Plural
man	men
sheep	sheep
tooth	teeth
woman	women

Memo